私流　演技とは

わが役者人生の歩みとともに

紋章は著者（屋号＝豊島屋）の紋

嵐 圭史
Arashi Keishi

私流 演技とは

わが役者人生の歩みとともに

本の泉社

装幀　坂口顯

目次

Ⅳ

写真提供　劇団前進座
しまくらまさし
今井康夫

I

真山青果作『玄朴と長英』

私が真山青果《まやませいか》『玄朴《げんぼく》と長英《ちょうえい》』で初めて長英を演じたのは一九六七年。このとき私は二〇代後半、若手俳優の勉強を目的とした「試演会」でした。

本公演では二〇〇五年に初演（前進座劇場）。

そしていま（二〇二〇年）、前進座を二〇一七年に「離座」して初めての、新たな人生の船出を飾る演目として、『玄朴と長英』上演の準備を重ねてきました（共演はオペラ界の重鎮、バス・バリトンの池田直樹さん）。残念ながら、新型コロナウィルス流行という未曽有の事態ゆえに、しばらく上演のめどが立ちませんが、条件が整いしだい、舞台を実現したいと念じております。

真山青果先生への仰望のもと、『玄朴と長英』への愛着は人後に落ちぬものがあります。この戯曲は劇的緊張に満ちた、まことに見事な二人芝居。その魅力を語るべく、かつて綴ったエッセイをもとに（『悲劇喜劇』二〇〇五年六月号掲載）、あらためて補筆・改訂しました。

時代の痛みを背負った対話劇——『玄朴と長英』

小山内薫と真山青果のやりとり

二〇〇五年（平成一七）の春、私は出版されたばかりの小山内富子著『小山内薫——近代演劇を拓く』（慶應義塾大学出版会、二〇〇五年）に接し、清冽な読後感を味わいました。よく知られているように小山内薫（一八八一〜一九二八）は、劇作家・演出家・批評家として活躍したのみならず、自由劇場を開始し（一九〇九年＝明治四二年）、さらに築地小劇場創設（一九二四年＝大正一三年）を牽引するなど、業績は多方面にわたり、まさに日本の近代演劇史上の巨人というべき人です。著者は小山内薫の次男である宏氏の令夫人であり、この巨人の足跡を内側の視点を交えて綴った、渾身の労作といえましょう。

私にとって、とりわけ興味をそそられたのは、自由劇場についてのやりとりを記した真山青果（一八七八〜一九四八）宛ての手紙でした。というのは、まさにこの年四月、前進座劇場の公演演目は小山内薫作『息子』と真山青果作『玄朴と長英』であり、私は『玄朴と長英』で高野長英役を演じることになっていたのです。このときに、この手紙に出会えたのはまことに僥倖でした。真山青果は多くの優れた史劇を創りだしたことで知られる劇作家。この手紙が書かれた一九〇九年といえば、小山内薫二八歳、真山青果三一歳。

そんな危険なことは廃して、今まで通りにただ説を吐いている方が良い、とのお説は、御尤至極《ごもっともしごく》に存じます。［中略］考えて考え抜いた揚句《あげく》、言説家の安逸を捨てて、実行家の艱難《かんなん》を嘗《な》める決心をしたのです。［中略］貴兄はまた、こういう種類の運動は役者の自覚から出なければ嘘だと仰しゃいます。これも至極御尤です。革命というのは決して外から内へはいるものではありません。内から外へ爆発すべきものです。内よりの革命は取りも直さず自覚の事です。［中略］私の同志は左団次《さだんじ》です。［中略］「自由劇場」は自覚せる一人の見物と、自覚せる一人の役者とが同盟して始めた自覚的運動です。内から外へ爆発する運動です。

自由劇場とは、「旧劇」歌舞伎に対する日本における先駆的「新・劇」運動です（劇場や専属の俳優を持たない「無形劇場」で、イプセンやチェーホフなどの翻訳劇も上演）。このとき、その先駆的役割を果たした一人が、歌舞伎役者の二代目市川左団次（一八八〇～一九四〇）であったことは大いに興味をそそられますが、それはともかく。

この文面から察するに、小山内薫が自由劇場という新たな活動を始めると知った青果は、あまりに冒険にすぎると危ぶみ、「そんな危険なことは廃して、今まで通りにただ説を吐いている方が良い」と申し送っていたようです。これを読んで私は、青果の名作『玄朴と長英』で描かれる伊東玄朴の心情が重なり、思わずニタリとしてしまいました。私はこの芝居に、青果の思いが投影されていることを、強く実感していたからです。

いまあらためて上演を振り返り、真山青果の偉大さと『玄朴と長英』という芝居のおもしろさ、戯曲の重さをしみじみと感じています。『玄朴と長英』で長英を演じた者として、ドラマを追いながら、私は何を感じ、何が見えてきたのかを語っていきましょう。

史実を背景とした「ディスカッションドラマ」

『玄朴と長英』はきわめて上質な、日本初の「ディスカッションドラマ」であり、日本演劇史に刻印されてしかるべき作品です。きわめて上質という意味は、演じてみてつくづくと思ったことですが、起承転結の巧みな展開にくわえて、考え抜かれたせりふの妙、その流れとリズムが、まさに言葉が繚乱《りょうらん》する、演劇的美学の世界をつくり上げているからです（響きの美とはまた別のところで）。さらには、二人がそれぞれに運命を背負って鋭く対立するこの戯曲、もっともシンプルな形で近代劇の作劇術にきっちりと裏打ちされていました。

この作品での諸事件や人間関係、社会的背景はほぼ史実です。高野長英は長崎シーボルト塾出身の俊英（シーボルト塾には伊東玄朴もいました）。彼は、三河・田原藩の家老で名だたる画家でもあった渡辺崋山《かざん》らと西洋研究グループ「尚歯会《しょうしかい》」を結成、『夢物語』を著わして幕府の対外強硬策を批判します。このとき、国禁である日本地図持ち出しが露見したシーボルト事件がきっかけになって、幕政批判が明るみに出てしまい、崋山とともに捕えられ、長英は永牢《えいろう》（終身刑）に処せられました。いわゆる「蛮社《ばんしゃ》の獄」です。

江戸伝馬町の牢屋敷に入獄していた長英は、もって生まれた強靭な生命力ゆえというか、閉ざされた牢内裏社会の厳しい階級制のもとでその階段を一気に登りつめて、入牢《じゆろう》してはや三年目にして牢名主になる。その「権力」のもと、深謀をめぐらして牢屋敷出入りの小者を誘い込み、牢屋に火を付けさせたのです。当時、牢屋が火事の場合は囚人を解き放つのがならいであり、これを「切放し」（この戯曲では「切っ払い」）と称しました。この「切放し」、三日以内に戻らねば打ち首という厳罰が待っていますが、もちろん長英に戻る気などあろうはずがありません。かくして長英は合法的に出牢し、そのまま脱獄・逃亡します。

以上のような極限状況のもとに舞台の幕が開きます。

ドラマの展開をたどる

登場人物は長英と玄朴の二人のみ。舞台は玄朴邸の一室。

長英は、シーボルト塾でともに学び、いまは御殿医にまで登りつめて悠々閑々《ゆうゆうかんかん》に日を送っている玄朴を訪ね、執拗に逃走資金を無心する。拒否する玄朴。開幕早々、舞台には緊張した空気がみなぎります。脱獄した長英の顔からして、みずから硝酸銀で顔半分を焼いているのです（史実では長英が顔を焼くのはもっと後で、ここは戯曲としての工夫）。

じつはこの戯曲、史実に関する解説的せりふはほとんどありません。時代背景や諸事件、そして話題にのぼる人物などの情報は観客それぞれに委ねられています。その点ではなかなか手ごわい芝居といわなければなりませんが、しかし長英と玄朴、この二人のおかれた両極の状況設定、その対比はまことに見事です。それは開幕の途端、登場とともに印象づけられる長英の無頼の振舞い、獄中生活で身につけたしぶとさ、下賤さは、一方で静穏無事、順風満帆に日を送る玄朴の、いかにも物静かで柔和な佇《たたず》まいと好一対をなして、このドラマの骨法をはや提示してしまうのですから。

そして、青果の筆はきわめて穏やかに、「起」から「承」へと観客を誘《いざな》っていきます。一連のやりとりのさなか、翻訳本が長英の目にとまり、「牛痘《ぎゅうとう》（疱瘡《とうそう》治療法）」といった医術的、学問的会話へと発展していく。医学者長英の冷徹な眼差しがギラッと光る一瞬。

その間、ワインを見つけて傍若無人にグラスを傾ける味付けが入ります。

長英（手を机の下に伸ばして）何んだ、葡萄酒があるな。
玄朴　夜学に疲れた時に、嘗《な》めるやうにしてゐるのだ。
長英　こりや何よりだ。第一、久しぶりだ。は、は、、。（と其の辺を探して、大きなギヤマンのコップに注ぐ）

以後、このワインとグラスは、長英の深層心理と微妙に連動するかたちで、大きな役割を果たしていきます。演ずる者の表現手段の一翼をさりげなく担ってくれて、じつにありがたい。このことはまたあとで触れましょう。

やがて緒戦の山場へ。長英「お前は自分の尻に火がついてるのに気がつかないか」。新時代が到来していると自論を開陳するのですが、じつは意外や意外、長英自身の口から直截《ちょくせつ》にその思想が語られるのは、わずかにここのみなのです。ディスカッションドラマといっても、そう単純な劇構造ではありません。

ドラマは急速に両者の心と魂のせめぎ合いへと移り、この論戦を回避して部屋を立ち去ろうとする玄朴の背中に、長英の容赦なき罵声が浴びせられます。

長英　玄朴！
玄朴　（むッとして）何んだ。
長英　貴様はシイボルト先生を見殺しにした卑怯者だぞ。
玄朴　何。
長英　坐れ、は、は、、。
玄朴　長英、外のこと、違つて――聞き棄てにならないぞ。
長英　それでも少しは肝にこたへたか。は、は、、。

ここで演劇的リズムははっきりと変わりました。なお、このやりとりで注意しなければいけないことがあります。玄朴「何」から長英「坐れ」は活字的につながっていますが、「間《ま》」を十分に生かしきらねばなりません。シーボルト事件を持ち出されて、玄朴は一瞬、身を竦《すく》ませているのです。長英にとっては、相手を見据えながらじっくり反応を見きわめるぐらいの喧嘩作法は屁でもない。

静寂に包まれたなかでの「間」の演劇空間。劇的緊張は極度に高まっていきます。なんと鮮やかな「転」への導入でしょうか。

ここからはこのドラマの白眉です。
シーボルト事件の責を問われ、守りの玄朴の優柔不断、攻める長英の剛毅果断は、二人の性格、思考対比をいっそう際立たせずにはおきません。長英は綽々《しやくしやく》たる余裕をもって、楽しむがごときに玄朴を攻めたてます。

長英　シイボルト先生が罪に問はれる材料となった国禁の日本絵図を、天文方の高橋作左衛門に頼まれて長崎まで送り届ける密使をつとめたのは誰だ。玄朴、顔色が変ったぞ。は、は、、、。

とことん追い込まれてゆく玄朴。
ところが一転、渡辺崋山の死をめぐっては攻守ところを変え、俄然玄朴が攻勢に立ちます。長英が崋山の減刑運動に冷淡だった儒学者・佐藤一斎《いつさい》を舌鋒するどく非難すると、玄朴は静かにこう切り返しました。

玄朴（腕組みしつゝ）然《そ》うかな。一斎先生が崋山を殺したと云ふのかなア。おれはまた、崋山を殺したのは君ぢゃないかと思つてゐた。

長英（コップを唇につけしが）玄朴、何。

そして、聞き捨てならないといきり立つ長英に対して、玄朴はその理由を語りだします。さきほど私は、この戯曲をディスカッションドラマと言いました。しかし注意しなければならないのは、それが必ずしも言葉をぶつけあっての丁々発止を意味しないということ。全編のおよそ五分の一を占めるであろう崋山をめぐるここでの攻防で、長英はほとんど声を発していません。長英の行動の軌跡から心の動きにいたるまで、そのあらかたが玄朴の口を通して語られます。ここでの玄朴のせりふは必然的に、気が遠くなるほどに長い。玄朴役者はじつに大変なのです。

玄朴は言々肺腑《げんげんはいふ》を衝《つ》くごとく、その推論のたしかさで長英の心を追いつめていく。このおもしろさ、度肝を抜く発想に、私はただただ、真山青果に脱帽するしかありません。

長英を演ずる私は、ここでヘトヘトにくたびれます。せりふを言っているほうがよほど楽だとさえ思えます。とにかく徹底的に受けの芝居の求められるところ。しかし、動作表現はほとんど不可能なのです。それこそ下手な芝居を演じているようになってしまいかねません。玄朴の口を通して出てくる長英の心の痛み、あるいは崋山の心の叫びの一つ一つに、私自身の心も激しく反応、葛藤する。観客には見えない、凄絶なる、わが内なる「心のディスカッション」といったところでしょうか。

それにしても、ここでの玄朴の饒舌と落ち着きはいったい何なのだろう？　そして私はハタと気づく。そうだ、そうなのだ、玄朴はこのとき、まさに青果自身なのだと。秀逸なる学者の眼で、実証主義の徹底した調査分析の末に得た、金城鉄壁、確信に満ち満ちて揺るぎない、真山青果の渡辺崋山「破れた楽器」論。

玄朴　丁度まんまんたる十五夜の名月が、雲なき大空を悠揚として渡りゆくやうに、崋山と云ふ人は、あらゆる部分の調和とか釣り合ひとか云ふものを円満に具足して、静かに、急がず、障礙《しょうげ》なく、ゆつたりと大空を渡る人なのだ。それがたゞ針金一条のために全体の権衡《けんこう》を失つて、出すほどの音が総《すべ》て耳に軋《きし》る不快な響きを立てるのを聞いた時、どんなに驚き、どんなに狼狽《ろうばい》したか知れない、と俺は見てゐる。彼は蟄居《ちつきょ》後絵筆をとつても、どうしても今までのやうに全生命を絵画に投入することが出来なくなった。破れた楽器なのだ。君に仕へても、老母に孝行しても、自分全体のなかに何かしら……斯《こ》う不調和な、そぐわない、不快な一部分が混じてゐて、全体をもって動くことが出来なくなつたやうな気がする——破れた楽器なのだ。

青果はこうして、長英の吹く笛に踊って破滅した崋山を引き合いにしつつ、その笛に踊るまいと必死に己を防御する玄朴を浮かび上がらせます。

そのうえで、スポットをふたたび、玄朴から長英に絞りました。長英は、大波のように襲った心の動揺を絶ち切るべく、次の一手に出ます。いうところの「泣き落とし戦術」。

長英　（酒の酔いと共に快き感傷に沈みつゝ）故郷水沢は雪国だ。奥州の雪の夕暮の寂しさは、君等には到底想像が出来まい。夕方小児がシヨンボリ窓に凭《よ》りかゝって、暮れ行く空を塒《ねぐら》へ帰る一羽烏を見て、それを黙つて見送れなくなるのが雪国の夕方なのだ。からす、からすはやく行け、権現堂の戸がしまる――と斯う歌つてな。蒼褪《あおざ》めた声で、烏の羽ばたきを見送る時の心持は、そりゃ君等の知らないものがある。おれは牢屋にゐても、おふくろを思い出す度に、何日《いつ》もその小児の心にかへるのだつた。おふくろはもう七十なのだ……。（と声が涙ぐむ）

じつにどうも感傷的で気恥ずかしいくらいです。しかし戯曲の幅は――リズム、色合いといった類ではあるが――これによってぐっとひろがりました。観ている観客も、正直、ホッと心がゆるむところでしょう。

ここは素直に、きわめて素直に感情移入し、青果とともに、長英とともに、迷いなく己のセリフに酔ってよいところです。その赤児のごとき剝《む》き出しの感情の露出こそが、いささか芝居じみているとはいえ、つまりは長英、その人なのですから。
ここで一か所だけ、私は東北弁をささやかに意識してやってみました。ほんのお遊びにすぎないのですが……。

〽からす、からす早ぐ行げ、

ドラマはいよいよ「結」へと急展開します。金を出させようと力づくで迫る長英。かたくなに拒絶する玄朴。

長英　出さねえな。貴様――出さねえな。（と力まかせに、こづき廻す）
玄朴　貴様に……負けて耐……耐るものか。出さない……死んだつて、俺は……出さない。
長英　うむ……。
長英、玄朴を捻《ね》じ伏せ、顔を畳にグイグイとこすり付く。
玄朴、歯を噛んで怺《こら》へる。

玄朴が必死に守ろうとしたのはもちろん金ではありません。己の心の尊厳であり、生活の、人生の静謐なのです。

ここで私には、真山青果が小山内薫に忠告したという、例の手紙の一件が重なってきました、「そんな危険なことは廃して、今まで通りにただ説を吐いている方が良い……」。

長英、玄朴を引き擦り起して、互ひの目に睨み合ふ。

怪しき涙、二人の目より流る。

長英　（荒々しく玄朴を突き倒して）好《よ》し、出すな。お前も男だ、その意地を通せ。もう借りない。その代りには俺も……俺も暴れて、江戸市中引き廻しになつて、獄門か磔台に乗つてな、仕置《しおき》柱の上から旧《ふる》い友達の笑顔を見せてやる。好いか、好いか――長崎以来の友達だ。この顔――忘れずに、見ておけ。

長英、最終場面での正念場です。私は極力声を抑えて、音声でなく、私自身の心に頼りました。そして長英は、悲しげなせせら笑いを残して立ち去っていく。

ここまできて、よく納得できることがあります。青果の共感は玄朴にあるとしても、彼は長英を全否定していません。とにかく筆が温かい。これは青果自身の思考に内在する一方の極を長英に託したゆえだという解釈もありますが、そうではなく、感覚的に、生理的には受け入れられるものではなかったけれども、しかしある種の憧憬として、心のなかにつねに存在していた。そう捉えるべきではないでしょうか。玄朴のせりふの一つに「心から尊敬せずにはいられなかった」とあります。青果の本音とも受けとれます。

それにしても真山青果は、なんと素直に己の心の振幅を玄朴に託し、『玄朴と長英』に投影したことでしょうか。

背景としての大正デモクラシー

この戯曲が書かれたのは一九二四年（大正一三）、いわゆる大正デモクラシーといわれる時代であり、その世相と無縁ではありません。

幕藩体制の崩壊後、日本はまがりなりにも立憲制と資本主義体制を確立します。天皇制を巧みに取り込みつつ、日清、日露戦争をへて朝鮮を植民地化、列強の一つとして強大な軍備を持つにいたりました。これは一方で、庶民の生活や期待とはおよそ乖離《かいり》したかたちで、半世紀を突っ走っていったことを意味します。明治時代がそうした時代の大きなうねりのなかにあったとするなら、大正時代はその揺り戻し、もしくは新たなうねりの時代であったといえるでしょう。大正デモクラシーはその、時代の一つの象徴にほかありません。

こうした時代相のなかから、吉野作造の民本主義運動が生まれます。民本主義はデモクラシーの訳語のひとつですが、主権の所在には触れずに政党内閣制や普通選挙制を根拠づけるものでした。さらには一九一七年（大正六）のロシア革命の影響もあったであろう社会主義思想や、ときには大杉栄のアナーキズム運動までが社会的希求の反映としての昂揚をみせていきます。河上肇の『貧乏物語』が世に出たのもこの頃。

私はそうした時代の雰囲気が大正デモクラシーという言葉に総称されていると理解しているのですが、このような時代のうねりのなかで多くの知識人が、ときに判断を迫られ、ときに激しく心揺れたであろうことは想像に難くない。

演出にあたった十島英明《としまえいめい》氏はこう記しています（公演パンフレット）。


真山青果が満を持して発表したこの戯曲はその後の真山史劇の方向を決定的なものにした記念碑的作品といえよう。発表された一九二四年といえば関東大震災の翌年のことである。時に青果四十六歳。文学に志を立て上京してからの二十年は、明治から大正への激動の時代。平民社の運動、大逆事件、ロシア革命、そして朝鮮人虐殺や憲兵大尉甘粕《あまかす》正彦《まさひこ》による大杉栄、伊藤野枝らの惨殺など、これら一連の事象は当時のおおくの知識人たちの胸の奥底をはげしく揺り動かさないではおかなかった。多感な青果もまた時代の痛みを共有していたに違いない。大正デモクラシーの先導者であった吉野作造は、仙台時代の中学の同級生でもあった。

まさにこのとおり。さらにいえば、青果の父は自由民権運動に関わっていたという。影響を受けないわけがありません。真山青果そして『玄朴と長英』を理解するうえで、歴史と時代に思いを馳せることは必須であり、避けては通れないことです。

なお、一九二三年（大正一二）の関東大震災の折り、「朝鮮人が暴動を起こした」という流言蜚語《りゅうげんひご》のもと、一説によると六〇〇〇人にも及ぶ朝鮮人惨殺の一大悲劇が起きていますが、このとき青果は、逃げ込んできた朝鮮人を自邸に匿《かくま》ったといいます。

大正デモクラシーの時代はやがて終焉を迎え、世は軍国と強権政治に拍車がかかってゆく。かの治安維持法の成立は一九二五年（大正一四）でした。

こうした激動のなかで執筆された戯曲ですが、歴史の流れはそれとして、青果の思考、哲学の基盤は決して単純なものではありません。いかなる心の軌跡をたどったかはいざ知らず、皇室崇拝思想にその基盤を移していったりしています。冗談にか、自嘲的にか、はたまた真正直にかはわかりませんが、こんな発言もしていたという。いわく「自分はマルキストの皇室崇拝主義者だ」と。

この時期の青果は現実をどう認識していたのか、以下、玄朴のせりふからいくつか拾ってみましょう。

何も大声疾呼《しつこ》しなくとも、黙つて市井の間に隠れてゐても、人間のため、世界のためにつくす手段はいくらでもあると思うよ。

革新とか新しい世界などと云ふものは、来るときに来るもので、呼び叫んで待つものではないと思う。

俺は俺のために生きる、という信仰を枉《ま》げたくないのだ。人間には皆それぞれ、自分自身の全体をもつて回転すべき、大きな軌道があるものなのだ。〔中略〕一旦《いったん》の情熱のためにこの全体を失ふということは、おれには耐らなく辛いことなのだ。だからおれは、静かに、静かに、生きたいと思っている。

長英が立ち去ったあとの、玄朴のこのせりふもぜひ吟味、ご堪能いただきたいと思います。

玄朴　俺はあいつが好きなのだ。同時に俺は……あいつが憎くてならない。いつもあいつは……おれの心の底の底まで入つて来て、身も世もないと思ふほど……おれの心を攪乱《かくらん》するが、同時に又、何だか知れない、寂しい、悲しいやうな一粒の種を……おれの心にこぼしてゆくやつなのだ。あいつは……畳の上で死ねないやつだが、……然《しか》し、おれには旧《ふる》い、最も懐かしい友人の一人なのだ……。

――静かに幕――

科白（せりふ）という当て字の妙

『玄朴と長英』の内容について、語るべきことはほぼ尽きました。そのうえでひとつ、演技するうえで大事なことを記しておきましょう。しぐさのことです。

私は脚本に記された言葉を「せりふ」と表記するのがつねですが、一般には「台詞」「科白」といった当て字もよく使われます。今回、『玄朴と長英』を演じつつ、「科白」という当て字も悪くないとあらためて思ったものでした。この当て字、分解するなら「科」＝「しぐさ」、「白」＝「せりふ」で、それなら「白」一文字でもよさそうなもので、実際その表記もあるのですが、あえて「科」が付け加えられているところが、なんとも言い得て妙というか、おもしろく思われたのです。

つまり、せりふというものに無機質はなく、音声化の基本中の基本とはいえ、呼吸にさえも「色」が、感情をも含めた表現の「色」が求められるわけで、まごうことなく、身体的行動の一部なのです。

動きの多くない、しかも会話を主体とした二人芝居だけに、いや、だからこそ、さらにくっきりと心の機微をきわだたせるうえからも、「科」「白」は一体化させなければならない。私はワインとグラスの扱いでさえ、肉体の一部のように、それを感じました。

ワインとグラスといえば、こんなことがありました。いわゆる「とちり噺」で、魔がさしたというか、一瞬の手順の狂いだったのですが……。

先にも引用しましたが、きわめて重要な部分なので再掲します。

長英　貴様はシイボルト先生を見殺しにした卑怯者だぞ。

玄朴　何。

長英　坐れ、は、は、、、。

ここで私（長英）はワイングラスを右手で取り、左手で脇息《きょうそく》を引き寄せて、寄りかかるように左肘を掛けるのですが、このとき私は、どうしたことか、グラスを取らずに脇息に寄りかかってしまいました。

芝居は先へと進む。

玄朴　長英、外のこと〻違つて――聞き棄てにならないぞ。
長英　それでも少しは肝にこたへたか。は、は、、。

ここで私は、余裕をもってゆっくりとワインを口にし、そのあと、前出のせりふ「シイボルト先生が罪に問われる材料となった国禁の日本絵図」云々に続きます。ところがこのとき、グラスを持ちそこなったために、ワインを口にすることができなかった。その動作の欠落が一瞬の戸惑いの「間」になってしまい、肝心かなめの次のせりふへの思考回路がブチ切れてしまったのです。

何をどうつくろったか、いまはもう忘却の彼方ですが、しどろもどろ、ありもしないせりふを口にして、芝居のリズムを崩してしまったことだけは間違いありません。ワイングラスひとつ、決しておろそかにできないのです。

さて、比較的動きの少ない二人芝居では、ワイングラスに限らず、小道具類の扱いも含めて、その一挙手一投足がドラマの内的表情を際立たせるうえで重要な役割をにないます。たとえば脇息ひとつ、役創《づく》りのうえで私はどれだけ助けられたことか。腰掛けたり（ふつうはありえないが、長英だからこそ）、横に倒して枕にしたり（これもふつうはありえない）、斜め、横、正面と置き所を変えて、片肘両肘、そして背もたれと……。

非常に微妙で、きめ細かなせりふと連動してのこうした組み立て、あるいは発見は、芝居を創るうえでの醍醐味といっていいでしょう。『玄朴と長英』にはそうした発見の楽しさ、いわば隠し味もふんだんに用意されていました。

地獄のごときせりふ覚えの苦しさとともに、ではありましたが。

Ⅱ

歌舞伎十八番『鳴神』

この章では、私にとって忘れがたい舞台からいくつかを取り上げ、印象的なせりふを掲げたあと、私ならではの多様な劇世界に即して、演技者として何を感じ、どう考えたかを綴ります。むろんまだまだ語りたい芝居が目白押しですが（ざっと思いつくだけでも『寺子屋』『心中天《しんじゅうてん》の網《あみ》島《じま》』『堀川波の鼓』『五大力恋緘《ごだいりきこいのふうじめ》』『四谷怪談』『三人吉三廓初買《さんにんきちさくるわのはつがい》』『御浜御殿綱豊《つなとよ》卿』『天平の甍』『赤ひげ』『たいこどんどん』『富永仲基《とみながなかもと》異聞――消えた版木《はんぎ》』『ベニスの商人』等々）、ここで取り上げた範囲でも、戯曲や演技を考えるうえでそれぞれ大事なことが含まれており、バランス的にも過不足はないと思われます。なお、『鳴神《なるかみ》』『毛抜《けぬき》』（前編）はかつて書いた文章を下敷きにしつつ（それぞれ『花の道草』一九九七年、『今朝の露に』二〇一二年、所収）、今回大きく補筆・改訂しました。

会話の妙とダイナミックな様式美――『鳴神』

鳴神　察するところおのれらは、波羅奈国一角仙人《はらなこくいっかく》のためしをひき、我が通力を破らんとてこれへ来たれる女とみゆる。大内《おおうち》にて、如何なる公卿《くげ》の息女なるか、または武臣《ぶしん》の姫なるや。正直正路の白状に及ばずんば、たちどころに引き裂き捨つるが、女、返答は。ど、ど、どうじゃ。

妙な切実感を抱いた体験

歌舞伎十八番『鳴神』。一九九四年だからもう四半世紀も前のこと、中国四国方面の巡演で、かつてお目にかかったことがないような超日照りのなかで上演したことがあります。

炎天下の凄まじい日々。今治市では、古い造りの会場のせいもあってか、冷房が用をなさず、それどころか、『鳴神』で使用する所作舞台《しょさぶたい》（檜でつくられ、主には歌舞伎舞踊に使われる、特別に造られた移動可能な舞台）が文字通り灼熱して、足の裏が焼けるのではないかと感じられたほど。高松では、実際に「水飢饉」に遭遇しています。水不足ゆえに飲食店はほとんど休店、大好きな讃岐うどんも口にできずじまいで、日々の食に不自由したのですから、じつに深刻な事態だったのです。

そんなカラカラ天気に、雨乞いが主軸になっているこの芝居、妙な切実感があって、演じていてまったくの絵空事とも思われぬ不思議なリアリティを感じてしまったのですから、いまとなっては、まことにおもしろい体験だったとは言えましょうか。

「あり得ないことだから逆にリアル」

『鳴神』は、朝廷に反抗した鳴神上人が、呪術で龍神を滝壺に封じ込み、人間世界に一滴も雨を降らせないところから始まります。困った朝廷は、才媛かつ美貌の官女、雲絶間姫《くものたえまのひめ》（以下、絶間姫・絶間と略）を密使として送る。絶間姫は持ち前の機智と色気で鳴神上人の本能を揺さぶり、ついに上人は「人間の本性」をあらわにする。そのとき宗教的威力は失墜、絶間姫が滝壺に張られた注連縄《しめなわ》を切ると、封じ込められていた龍神は天に舞い昇って、雨を降らせてしまう……。こうして物語が終わったあと、怒り狂った鳴神上人が展開する「荒事《あらごと》」によって、芝居の面白さが倍増されます。まさに歌舞伎ならではの醍醐味です。

筋立ては荒唐無稽で、まるごとお伽話。注連縄を切ると龍神が昇天して雨が降るというのですから、非現実的・非日常的なこと、このうえなしと申せましょう。が、この芝居、ドラマとしてもよくできているのです。お手本のような序破急の置かれ方、洒脱な会話の妙、写実と様式の統一、最終局面でのドラマチックな展開、等々。そして日常性と非日常性の見事な交錯と、人間の本性のもとに宗教的権威の失墜、といった今日的すぎるほどのテーマ性は、この芝居のドラマとしての完成度を、さらに決定的なものにしていると思われるのです。

尊敬する劇作家、木下順二さんは『土佐日記』の「かげみれば、なみのそこなるひさかたの、そらこぎわたるわれぞさびしき」にふれつつ、ドラマというものの本質について大変鋭い示唆に富んだ指摘をしていました。私のメモによれば以下のようになります。

舟の上から月影のうつっている波底深く見た時、そのような状況の認識はただの認識にすぎないけれども、その時に、波の底の空を漕ぎ渡って、ふっと、自分が空にいるような気がした。その一瞬の感覚がリアリティーというもので、われわれが運命というものの姿を見ることができる時には、そういう感覚が働く。

またこうも語っています。

あり得ないことだから逆にリアルなのであって、あり得る人生などというのは、自然主義の次元の話であって、真実でもなんでもない。

リアリティーというものの捉え方が、まことに素晴らしいと感服するのですが、『鳴神』という芝居をドラマ論といった視点で繙《ひもと》いてみると、木下順二さんの提起される「ドラマの本質」に、狂いようもなくぴったりと照準が合ってしまうのです。

考えてみますと、様式性という事柄も、本来は、写実的真実を必要最大限に拡大表現するところにこそ、その芸術的価値が存するのではないでしょうか。『鳴神』における荒事、すなわち総毛立った大百日《だいびゃくにち》というかつらに隈《くま》を取り、それまでは白綸子《しろりんず》というすっきりした着付から、一瞬にして金糸と朱に色取られた派手な火焔の衣裳にぶっ返って（一瞬にして衣裳が変わること）、それこそ怒髪天《どはつてん》を衝く勢いで、飛び六方《ろっぽう》を踏んで花道を入るまでの所作などは、「怒り」という日常感情の全面的な拡大表現であり、様式的であるがゆえにそのリアリティーが失われるということはあり得ようもないのです。というより、いわゆる「リアリズム演劇」でないことで、かえって究極のリアリティーが実現されている、といっても決して過言ではないように私には思われます。

様式性の問題はさておいても、『鳴神』の戯曲構造は、少し大胆な言い方ですが、近代戯曲の要件をきっちりと押さえていると申せましょう。それがもっとも素朴で古風な、歌舞伎劇の世界であるだけに『鳴神』に対する興趣はつきないのです。

『鳴神』上演史をたどる

私が初めて、『鳴神』の上人役に挑んだのは一九八一年、前進座創立五〇周年の大阪・中座でした。三演目が四国巡演のときで、そのころ、河原崎長十郎による劇団初演以来の上演回数が一〇〇〇回を数えるにいたっています。私が演じたのは一〇〇回ほどですから、その十分の一を受け持ったにすぎませんが、やはり感懐はひとしおのものがありました。

長十郎の『鳴神』では、いくどか所化《しょけ》役（上人の弟子である修行僧）で出演しており、二代目左団次ゆずりといわれた長十郎上人は、私の眼にいやというほど焼きついています。左団次→長十郎とつながる『鳴神』の上演は、歴史的にも意味をもつ事柄と思われますので、その上演史にも若干ふれておかなければなりません。

原型となる舞台は、すでに貞享元年(一六八四)、初代市川団十郎によって『門松四天王《かどまつしてんのう》』として上演されています。それなりに当たりはしたものの、残された浄瑠璃の抜書で知るかぎり、鳴神上人の絶間姫への失恋による仕返し――それも、不動明王を松の枝に縛りつけて呪詛する――といった、他愛のないものだったようです。いまみるような定型に仕上がったのは寛保二年(一七四二)、二代目団十郎の手によって、『雷神不動北山桜《なるかみふどうきたやまざくら》』として、長大な続き狂言として一つにまとめられたときでした。

ところが明治劇壇の大御所、九代目市川団十郎は、一度も『鳴神』を演じていないため、およそ六〇年の断絶があり、「型」としては伝承されなかったのです。それを残されていた初演台本を手がかりに、きわめて古風なかたちで復活上演したのが二代目市川左団次。一九一〇年(明治四三)のことでした(その前年にまず『毛抜』を復活上演しています)。

その左団次の『鳴神』を基本的に継承したのが、当時その一座にいて、自身、所化や黒雲坊《こくうんぼう》役(所化の中心的存在で、白雲坊とともに狂言回し的役割を担う)で舞台を踏んでいた、前進座創立者の一人である河原崎長十郎だったのです。

もっとも左団次は終始豪快に演じていたのを、長十郎は八代目団十郎の錦絵をヒントに、前段は二枚目風な辛抱立役《しんぼうたちやく》（善人の男役で、じっと耐え忍ぶ役）として、中盤は人間味と愛嬌を持たせて三枚目風におおらかに、終盤はそれこそ豪快に江戸荒事に徹したとのことでした。いずれにしても、「大体において左団次の真似である」と長十郎自身語っているように、大筋において引き継いでいることは間違いありません。私もまた、長十郎の伝承を全面的に引き継いでいるのは当然です。

演技プラン、いくつかのポイント

具体的な演技プランの面では、鳴神上人を演ずるうえでの、性根に関わるいくつかのポイントがあります。以下、覚え書きふうに。

●前半、絶間姫が鳴神上人の気をひこうと、みずからの恋物語を語るとき。ここは巧みな恋心の官能的表現が随所に仕組まれているのですが、このとき上人は、その一言一言に細かく反応してはいけません。ひたすら内的に耐えている心根こそが肝心で、だからこそ絶間姫は古歌「見ずもあらず見もせぬ人の恋しくば」を口にし（『古今集』巻第十一、恋歌一、在原業平）、わざと下の句を言いよどむのです。この姫のインテリジェンスは大したものですが、それを知っている上人もさすがで、だからこそ思わず「あやなく今日や詠《なが》めくらさん」と、その下の句がつい口を突いて出て、絶間姫の術中にはまっていってしまうのです。

まことに憎い作劇術で、もし上人が、心の葛藤を軽々に動作表現してしまっていたなら、絶間姫も「くみしやすし」と、そんな古歌を持ち出すまでもなかったでしょう。

●絶間姫の第二の攻勢が仮病の癪《しやく》。その痛みを癒そうと、上人は大真面目に施術を申し出ます。そこで初めて上人は、女人の肉体に手を触れることとなります。ここはエロチシズムの愉しさあふれる場面。左手で背中を揉んでいるうちに、肩にかけた右手が吸い込まれるように胸の内に入ってしまい、そこであわてて手を抜く。

鳴神　はて、味なものが手にさわった。（自分の指先を見つめる）
絶間　（右袖で顔を隠しながら）何じゃ何じゃ。何がお手にさわったえ。
鳴神　生まれてはじめて、女子の懐に手を入れてみれば、なにやら胸郭《きようかく》のあいだに、やわらかなくくり枕のようなものが二つあって、その先にちい程のものが（と指先でぽっちをつくり）。ありゃ、何じゃ。
絶間　お師匠さまとしたことが、こりゃ乳でござんす。

驚いていったん手をひっこめた上人、今度は鷹揚に懐に手を入れ直す。

鳴神　どれどれ、いま一度、乳脈《ちちみやく》をとってみよう。むくむくとしたものじゃのう。これが乳で、その下が鳩尾《きゆうび》［みぞおち］、かの病の凝っているところじゃ。この鳩尾の下が神闕《しんけつ》、臍《ほぞ》ともいうところ。そのまた下が、極楽浄土。

絶間　あれ、お師匠さま、何なされまする。あれーッ。お師匠さま、鳴神さま、こりゃお前は。

ここでの心得は決してオーバーアクションにならぬことです。あまりやりすぎると女体への一途な関心が、ともすると練達者が女体をもてあそんでいるかのように見えてしまい、大変まずいのです(じつはお客さまにはそのほうが受けるのですが)。そうはならずに、とぼけた、爽やかさが感じられたのが長十郎上人の真髄でもありました。

先般、興味深い台本を見つけました。父・五代目嵐芳三郎所蔵の台本で、一九四三年（昭和一八）二月、東京劇場で上演された折のもの。まさに戦争真っ只中であり、お粗末なガリ版刷りで、例の、鳴神上人が「味なものが手にさわった」の後、ふたたび懐中に手を入れた、その後のせりふが丸ごと抜け落ちて、そこに父の手による書き込みが記されていたのです。

鳴　ドレ〳〵、もう一度　［以下、せりふは空白で父の書き込み「検閲削除一八年二月」］
　ト絶間、思入れありて、上人を突き飛ばし
絶　お師様、こりゃお前は

いきなり話が先に進められてしまっていて、時代の残酷を実感せざるをえませんでした。そうこう思っているときに、私の目に飛び込んできたのが古き『演藝画報』（一九一九年＝大正八）です。当時、高名な演劇評論家であった伊原青々園《いはらせいせいえん》の「『鳴神』小論」の締め括り部分にこうありました。

女の肉に触れて堕落するという、近代劇らしい内容がある『鳴神』は、［中略］役人の検閲というような事のない自由な舞台で、思い切って且つ突込んで演出されるのを見たいと思っている。しかしそういう機会は滅多に来そうにもない。

戦中はともかく、大正デモクラシーといわれた時代においても、これほどまでに検閲制度が機能しており、『鳴神』の完全上演はできなかったのです。私はいままで、迂闊《うかつ》にもこのことに思いいたらなかった。敗戦後、新憲法では明文で検閲を禁止（第二十一条）、言論の自由は保障されました。しかし青々園は一九四一年（昭和一六）、すでに亡くなっており、あれほど渇望していた「自由の空気」を吸うことはかなわなかった。胸が痛みます。
ともあれ、あらためて言論の自由、創造の自由といった事柄に、私の脳髄は久しぶりに反応したことでした。

●最終場面の荒事になるまでは、古劇としては大変めずらしい軽妙洒脱な会話劇です。それだけにこの芝居では、むやみに足を踏み出したりしてツケを打つ（狂言方が役者の演技にあわせてツケ板という堅い板を叩き、強い音を出すことで演技の拡大表現の手助けをする）ことは慎まなければなりません。ツケを打つのが効果的なのは、次の二か所でしょう。
鳴神上人は絶間姫の恋物語に引き込まれて、不覚にも壇上より転げ落ち、気を失います。絶間姫より口移しで水をもらい、息を吹き返した上人はハタと我に返ると、絶間姫を突き放し護摩壇に駆けのぼり、睨みつけながら語気鋭く、一気にたたみ込む。冒頭に掲げたせりふが登場する場面。

鳴神　察するところ、おのれらは、波羅奈国一角仙人のためしをひき、我が通力を破らんとしてこれへ来たれる女とみゆる。大内にて、如何なる公卿の息女なるか、または武臣の姫なるや。正直正路の白状に及ばずんば、たちどころに引き裂き捨つるが、女、返答は。ど、ど、どうじゃ。

「一角仙人」とはインド波羅奈国の仙人で、女色に惑わされて神通力を失ったという伝説の主人公。「大内」は朝廷のこと。空気が一転して極度に緊迫する場面。右足を一段、階段に落とし、右手の数珠を高く掲げて形に決めたときの鋭いツケがまことに効果的なのです。もう一か所は絶間姫の色香に惑わされ、いよいよ性宴への儀式、盃事になったとき。大きな朱塗りの盃に密法の注連縄が映ります。上人はすでに杯を重ね、かなり酔わされています。

絶間　おお、怖《こわ》。
鳴神　何とした、何とした。何が怖い、何が怖い。
絶間　盃のなかに蛇がいるわいなあ。
鳴神　いかい阿呆でござる。何もおりはせぬものを。
絶間　それ、いるわいなあ。

上人が酔いにさからいつつ、右膝を立てて盃を見入るときにツケが入ります。このあと上人は「こりゃ注連縄じゃ」と言い、この注連縄を切ると龍神が天へ上り大雨が降る、という手の内を酔いにまかせて明かしてしまうのです。秘法の核心を語ってしまう重要な場面。

この二場面のみのツケだからこそ、印象度がより強烈になるのです。

●ついに女体の誘惑に敗けた鳴神上人は、「人間」のレベルに引き戻され、いまみたような、女夫約束《みょうと》の盃事となるわけですが、このとき、上人と絶間姫の位置関係が変わります。絶間姫が上手《かみて》（客席からみると舞台右側）へと移り、この場の主導権は絶間姫へと渡ったことを暗示するのです。この位置の入れ替えは、長十郎の工夫でした。

歌舞伎ではほとんどの場合、上位者が右側に位置し、男女の場合は男が右になるのがふつうです。ですから、上人が下手《しもて》にいるとなんとも不安定なのですが、この芝居の場合、絶妙にドラマ的安定感をもたらします。人間の視覚とは面白いもので、歌舞伎の登退場が主として花道の方向、下手におか

れていることも、こうした工夫と関わっているのでしょう。

●もう一つ、案外重要と思われるのが「消し幕」（緋色の毛氈《もうせん》）の存在。ついに酔い潰されてしまった鳴神上人が幅一間《いっけん》ほどのこの幕によって覆い隠されると、その間に絶間姫は探り当てた密法の注連縄を切り、雨を降らせ一目散に花道を駆け去っていく。やがて消し幕が取り去られ、その瞬間、鳴神上人は前述のとおり顔に隈を取った姿で観客の前に現われて荒事の演出にガラリと変わるわけです。

「消し幕」とは文字通り「消してしまう幕」で、「何もありませんよ」という歌舞伎の約束事。そしてこの幕で隠されている数分のうちに、隈取りを仕上げてしまわなければいけないのですから、上人役者もじつに大変なのです。

それはともかく、初めてこの芝居を観る人はその意外性に驚かされるはずで、これこそ歌舞伎劇ならではの創造性の賜物。古劇の興趣にあふれた非常に楽しい演出であり、他の演劇ジャンルにはありえようもない、このうえなくすばらしい表現手法です。

このことで思い出すのがアメリカでの上演です（二〇一〇年）。カーテンコールでのあの、怒涛のような拍手とスタンディングオベーションの波は、おそらくこれらに関わってのことでしょう（ちなみに、このときのバークレーでの上演が私の『鳴神』最終出演となったのでした……）。

最近の演出では、上人とともに絶間姫が護摩壇のおかれた庵《いおり》のなかへ入ると、伊予簾《いよすだれ》（篠竹で編んだ上等の簾）がおろされ、消し幕を使わない演出もあるようです。でも私はやはり、どうしても「消し幕」にこだわりたい。なぜなら、ひとつには、このようなシチュエイションで簾が降ろされた場合、歌舞伎の約束事で男女は交わったことを意味します。この芝居の場合、それは絶対にありえないことです。

もうひとつは、古劇としての芝居のスタイル、いわばドラマの基調が、まことに単純素朴なこの「消し幕」の使用に象徴されており、それはまさに『鳴神』という芝居の真髄にも通じると思うからです。

「歌うな語れ」「語るな歌え」――『修禅寺物語』

夜叉王　幾たび打ち直してもこの面《おもて》に、死相のありありと見えたるは、われつたなきにあらず、にぶきにあらず、源氏の将軍頼家《よりいえ》卿がかく相成るべき御運とは、今という今、はじめて覚《さと》った。神ならでは知ろしめされぬ人の運命、まずわが作にあらわれしは、自然の感応、自然の妙、技芸神《しん》に入《い》るとはこの事よ、伊豆の夜叉王《やしゃおう》、われながら天晴れ天下一じゃのう。

駅頭の姿に感動

一九九四年（平成一一）、残暑も一段と厳しかった八月のある日、一二月の三越劇場・民芸公演『修禅寺物語』に備えて、客演する私（頼家役）や光本幸子さん（桂役《かつら》）を含むスタッフ一同が、ロケ班（公演のための学習探訪）のため、伊豆修善寺を訪ねました。

その折、私たちを駅頭に迎えて下さったのは、この修善寺町（現在は伊豆市の一部）に居を構えておられた、主役も主役、面《おもて》作り師・夜叉王役の滝沢修さんその人。驚かされたのはその姿で、濃紺の甚平に菅笠をかぶり、顎の白髭も鮮やかに、夜叉王そのままだったのです。ふだんの滝沢修さんはけっこう茶目っ気があり、私はそれが大好きでした。

それにしても、自身の生活そのものを舞台に一体化させて上演に備えるという――事実、面作りに日々勤《いそ》しんでおられたのです――、芸術至上主義極まれりともいえるこの日の姿が、もう二〇年以上も前のことなのに、いまも眼の前に鮮やかに浮かんできます。

稽古場は充実し、楽しさに満ちていました。リアリズム劇団「民芸」の総帥たる滝沢修さんの、一般的には新歌舞伎というかたちで括られる名作『修禅寺物語』上演に向けた、その熱い情熱が稽古場を支配していたからにほかなりません。その役創りの過程がじっくりと味わえる喜び、くわえて出演者それぞれへのいわゆる「ダメ出し」ですね、その一言一言がまことにおもしろく、ときに共感し、ときに勉強となったのでした。

新歌舞伎を特徴づけるもの

この『修禅寺物語』、岡本綺堂《おかもときどう》（一八七二〜一九三九）が一九一一年（明治四四）に発表し、同年、二代目左団次らによって初演された作品。伊豆修禅寺に幽閉された鎌倉幕府二代将軍＝源頼家と、そこに住む面作り師＝夜叉王、そして夜叉王の娘＝桂をめぐる物語で、新歌舞伎の代表的作品と目されます。

もっとも私は、この作品を新歌舞伎という演劇ジャンルに仕分けることには、かなり違和感を覚えます。基本的にはどうみても「近代劇」だからです。しかし、ここではあえて「新歌舞伎」にこだわって、この戯曲を検証してみたい。

戯曲の構造は限りなくリアルで、歌舞伎の下座《げざ》音楽や、見得や形といった動的誇張はいっさいありません。その点では、戯曲を土台とした近代劇であり、事実、明治時代になって西欧の戯曲が日本に入ってきてのち、とりわけイプセン等の強い影響を受けて誕生したのが、いわゆる一連の新歌舞伎でした。

そうした意味ではまさに「新」なのですが、では何をもって「歌舞伎」というかと言えば、それはせりふ術をともなった、せりふの様式性にこそあるのです。

せりふは通常、日常の会話をもとに構成されています。そのせりふに籠められている意味内容を、それこそ日常会話のレベルを越えた最大級の言語表現をもって引き出し、劇的緊張感を高め、ときにはテーマを、ときには折々の人間の感情の森羅万象を炙《あぶ》り出していく。その具体的な術は、真実感を失わずに「歌い上げる」ことに尽きる、といえましょう。

その技法は歌舞伎のせりふ術そのもので、それが縦横に駆使されていればこそ、言語――日本語――の美が、意味内容の深化とともに燦然《さんぜん》と輝きます。近代劇の戯曲骨法を超えた様式性がそこに生ずるのであり、新歌舞伎たるゆえんです。そうした意味で、自然主義（日常性）を超越したところでの、究極のリアリティの探求が求められる演劇ジャンルであり、滝沢さんの意欲の源泉もそこにこそあったことは明白です。新派出身の光本幸子さんや、前進座で歌舞伎の修業を続けている私の参加を心から喜んでおられたのも、そのこと抜きには考えられません。

稽古も佳境に入った折の新聞インタビューで、滝沢さんは新劇運動の先駆者である小山内薫の言葉を引用しつつ、こんな趣旨の発言をしていました。

小山内薫が「歌うな、語れ」といった。これは歌舞伎役者への言葉。ところがその言葉だけを新劇がうけてしまって、表現が小さくなった。日常生活のようなせりふがリアリズムだと間違えている。リアリズムというのは、目に見えない真実を掘り出して表現することで、歌う必要がでてくるんです。

記憶に残る「滝沢語録」

ここまで書き進めていてハタと思い出したことがあります。『子午線《しごせん》の祀《まつ》り』稽古場でのことです。演出の宇野重吉さんがある俳優さんにダメを出していました。よくあるダメの典型できわめて初歩的なことでもあるんですが、「感じりゃ出るんだよ、感じりゃ！」このとき、隣席にいらした滝沢さんが私の方を見てニヤッと笑い、小さい声でひと言。「感じるだけで芝居ができりゃ、世話ァありませんね、ホ、ホ、ホ、ホ……」。

しかし一方ではこんなこともありました。稽古場での私のメモに残されていたもので、本読み四日目のことでした。

二幕目の頼家［私です］と桂［光本幸子さん］のラブシーン、素晴らしいですね。わくわくする。しかし文語体の文章のみが先行すると、観客にはその音のみが入っちゃう。いまの本読みではそのせりふの裏が大変わかりにくい。新劇の病気と同じに歌舞伎の病気もありますね。結果を急ぎすぎずに、いまはもっと根っこを摑みましょう。

もうこれ以上の説明はいらぬようです。

ここで、稽古場での私のメモから「滝沢語録」のいくつかを紹介しておきましょう。おもには若い俳優さんたちに向けたものですが、私はいつも心のなかで、「そのとおり！」と拍手喝采しておりました。

○せりふは口で言うんじゃないのよ。君たちの聞いているとみんな口で言っているわね。そうじゃない、お臍で言うの。それは「はら（肚）」といわれることです。声を出すことばかりに気がいっていて、みんな、お臍に意識がいっていない。

○声は出すんじゃない。自分の身体のなかに取り込んで、身体のなかに響かせるの。

○「ういろう売り」の勉強、みなさんよくやりますね。でもほとんどが、ひたすら大きな声を出して鉄砲玉のように言う。売るという行為も、せりふ本来になくてはならない「色」も素っ飛んで、単に音だけ。だからやたら口を大きく開閉して、顔もくちゃくちゃ。みっともないったらありゃしない！

○ナチュラル（自然）でいい、なんて誉め方をされるが、そんなものは茶の間でまにあう。リアリティを徹底的に追求し、結果として様式性を創り出す。演ずる者の仕事です。

ここに出てくる「ういろう売り」とは、歌舞伎十八番の演目「外郎売《ういろううり》」での長ぜりふ。いまでも滑舌訓練のベストテキストになっています。

このとき滝沢さんが「色」が素っ飛んでしまうと表現されたのがとても興味深かった。私もよく、「せりふの色彩感」という言葉を使います。そしてそれは吐く息にもあるけれど、じつは吸う息にもある。これは稽古場で、若い連中に私がしょっちゅう言っていることなんですね。外野席から「圭史さんはそのことばっかり」と言われるくらい……。

息を吸うとき、すでに感情の色というものはあり、無色透明ではない。カッとしてものを言うのか、のんびりしんみり言うのかで、息の吸い方は違います。ともあれ、発声するとき、呼吸の仕方がとても大切なのです。

幕切れの微妙なせりふ

冒頭に述べた修善寺ロケ班の折の記者会見で滝沢さんは、ご自身の死生観を重ね合わせて夜叉王への意欲を語られたのでしたが、それは必ずしも、今まで観てきた『修禅寺物語』とは同一のものではないと、私には思われました。

　頼家から依頼を受けた面にどうしても死相が彫り込まれてしまう。しかもその頼家の死によって己の面作りの神技を確信するわけで、「伊豆の夜叉王、われながら天晴れ天下一じゃのう」につながる一連のせりふは、この芝居の真髄ともいえるところ。

夜叉王　幾たび打ち直してもこの面に、死相のありありと見えたるは、われつたなきにあらず、にぶきにあらず、源氏の将軍頼家卿がかく相成るべき御運とは、今という今、はじめて覚った。神ならでは知ろしめされぬ人の運命、まずわが作にあられしは、自然の感応、自然の妙、技芸神に入るとはこの事よ、伊豆の夜叉王、われながら天晴れ天下一じゃのう。（快げに笑う）

　ここに魂のすべてを集中して「歌い上げる」舞台は数多い。

　ところが、ある評論に、某優の演じる夜叉王についてこんな一節があり、いささか考えさせられました。この評論、じつは現物が行方不明で手元にありません。筆者は高名な在阪の評論家（故人）であることはわかっているのですが……。以下は私のメモによります。

この長ぜりふが作品の主題を提示している。しかし「神ならでは知ろし召されぬ人の運命、まずわが作にあらわれしは」の一句が、声として外に出ずにひどく不明瞭であった。作意からするならこの一句こそ最重要であるべきなのに、観客席へほとんど伝達されなかった。逆に次の一句「伊豆の夜叉王われながら天晴れ天下一じゃ」、ここばかりが無闇と大声で観客席いっぱいに共鳴していた。実はこの一句などは副次的（第二義的）意義しか持ち合わせていないのだ。その前の第一義的な部分に息切れがして、第二義的な部分で声が通っている。百貨店でととのえた中味の商品を落として、包装紙だけ持ち帰ったような白々とした不満が残った。

百貨店の包装紙とはまことに言い得て妙、思わず唸ってしまったものです。ともあれ、この芝居にかぎらず、「歌い上げる」せりふの陥穽《かんせい》への警告として、自戒のためにも心して受けとめた一文でありました。

ところで、滝沢さんの大きなこだわりは、稽古場で見るかぎり、いま触れた一連のせりふ部分よりは、むしろ幕切れのひじょうに微妙なせりふの解釈にあり、当然そこをどう演じきるかにあったようです。

夜叉王　夜叉王の名も捨てた。職人も今日限り。その断末魔の面を写しておきたい。娘、顔をみせい。

死を目前にして苦しむ我が娘を前に、こう言い放つ父親・夜叉王の心や如何に。

稽古場で滝沢さんは、こんなことをおっしゃっていました、「己の運命――死――の予感のなかから出てくる言葉でしょうね」。これは大きなヒントです。

告白すれば、私はいままで『修禅寺物語』という芝居があまり好きではなかったのです。神技を獲得した職人の、究極といってもよい「崇高なエゴイズム」といった主題がどうしても私の肌に合わなかったのでしょう。人間の心を完璧に押し殺してまで追求した「芸術至上主義」の物語。とするなら、「われながら天晴れ天下一じゃ」一連のせりふは己の神技に対する確信とその讃歌に尽きていて、まさに「崇高なエゴイズム」の表現となります。

だがしかし、本当にそうなのか？　幕切れでの数行に満たない、あのわずかなせりふに、鍵を解く重要な要素、あえていえば毒薬が隠されているのではないか！

この歳になって――そしていま、戯曲を何度も読み返すうちに――、突如として眼の前の霧が晴れるように、このドラマの演劇としての面白さがひらけてきたのでした。それは夜叉王の行動、その心の軌跡をどう捉えるか、といった戯曲の本質に関わることでもあります。死の淵であえぐ娘の顔を、神技を確信した己の手によって写しとろうとするその行為、まさにこの一点によって、ドラマ的大飛躍をとげていることに間違いはありません。戯曲最終場面での、わずか数十秒間でのこの展開のなかに、何を、どう見るか、その読み取り方によって芝居の本質が一八〇度、変わってしまうのです。おもしろきこと、この上なしです。

「夜叉王」というネーミング

作者岡本綺堂は何ゆえをもって主人公のネーミングを「夜叉王」としたのか。これは考えるに値することです。

語源的には古代インドのサンスクリット語（梵語）ヤクシャで、人を傷つけ人肉をも食べる悪鬼。ほぼそのままの音で中国に伝わり、漢字の夜叉があてられました。そして「外面如菩薩、内心如夜叉」という熟語があるように、人の悪心を象徴する存在ともなります。ここまで書いていてふと気づき、そのおかしさに苦笑してしまいました。夜叉の本来の音はヤクシャ……、え？ え？ え？ なんと「役者」と同じ！ なんの因果か、トホホです。

さて、夜叉の語源からするなら、冷血ともいえる「芸術至上主義者」を象徴するにふさわしいネーミングとはいえましょう。だがしかしです。仏典に描かれる「夜叉」は悪鬼で終わることなく、のちに仏教に帰依し、仏法護持の守護神となりました。夜叉の真髄はここにこそあるのです。とするなら——

娘への最大級の愛情、その極致なるがゆえに、夜叉王をして筆をとらせた。そう解釈することができるのではないか。そこに「芸術至上主義」を超えた「人間性の獲得」といったこの戯曲の深淵が、ひょっとして見えてくるのかもしれません。綺堂はあえて、「夜叉王の名も捨てた。職人も今日限り」と宣言させているのです。もっともそれを演じきるのは、至難の技といえましょう。

いずれにしても、いま息を引きとろうという娘＝桂に向かって「その断末魔の面を写しておきたい」と言い放つ、夜叉王の最後のひと言「娘、顔を見せい」に、そのすべてが集約される、と思うにいたっているのですが……、さて！

欠かせぬ舞台の「華」

おしまいに、私が演じた頼家役のせりふについて、少し触れておきましょう。

聴かせぜりふとしてけっこう知られていますが、修善寺を流れる桂川の、あの清冽なせせらぎの音にも似た、流麗な頼家の愛の言葉です。

頼家　あたたかき湯の湧くところ、温き人の情けも湧く。恋をうしないし頼家は、ここに新しき恋を得て、心の痛みもようやく癒えた。今はもろもろの煩悩を断って、安らけくこの地に生涯を送りたいのじゃ。

岡本綺堂の盟友、二代目左団次の初演以来、多くの方が頼家を演じており、実際には観ていないとはいえ、私の耳にはいまにも、十五代目羽左衛門（一八七四〜一九四五）や市川寿海（一八八六〜一九七一）のあのすばらしい名調子が聴こえてくるような気がするのです。

一読してすぐわかるように、このせりふ、字余りではありますが、七五調に近い。河竹黙阿弥《かわたけもくあみ》（幕末から明治にかけて活躍した歌舞伎狂言作者。せりふの名調子で知られる）を引き合いに出すまでもなく、耳に心地よく響くのが、なぜか七・五句で綴られた日本語。しかし、稽古場での滝沢さんの指摘にもありましたが、ともすれば真実感が失われがちになります。そのあたりのバランスが、じつにむずかしい。

でもやはり、こういう役に絶対に欠かせないものがあります。それは「華」です。衣裳にもメイクにも、そして動きにも、役全体から醸し出される雰囲気というか、色気ですね。ですからせりふも、あくまでも美しく響かねばならないのです。

ユニークで明るい舞台空間
――『およどん盛衰記――熊楠面白万華鏡』

熊楠　毀《こわ》された神社の森はどうなるんじゃや。鳥や虫や粘菌《ねんきん》はどうなるんや。自然の破壊ちゅうもんは、ちっぽけな土地から始まって、それがやがて、とめどもなく日本中に拡がってゆくのがわからんのか。ばかたれ！

おそるべき知的巨人

南方熊楠《みなかたくまぐす》。江戸時代が終わらんとする年に生まれ（慶応三年＝一八六七年）、若くしてアメリカに留学、その後イギリスに渡って大英博物館の研究員となり、帰国後は和歌山県田辺にあって、民俗・博物・生物・植物・天文・考古の諸学を究める。そのうえ、なんと一九ケ国語に長じていたという。一九四一年（昭和一六）没。この知的巨人の存在を私はほとんど知りませんでした。もっともある時期まで、世間でもあまり知られていなかったようで……。

熊楠研究家のおひとりで評論家の鶴見和子さんがこんなことを語っていました。『南方熊楠　地球志向の比較学』という本を出したのは一九七八年。このとき、贈呈した人からの礼状にこんな言葉があったそうな。「ナンポウユーナン、ありがとう」「みなみかたくまくすのき、ありがとう」「あなたは南方の動植物の研究を始めたのですか?」等々。その後「熊楠ブーム」といった現象もあったりして、さすがにこんなトンチンカンな反応はなくなったと思いますが……。もっとも私も大きな顔はできません。この大先生が「ねんきん」の世界的権威と聞いたとき、一瞬勘違いし、どうして民俗学の大先生なのに「年金」にまで詳しいのだろうと、じつに不可解な思いだったのですから。それが「粘菌」とは！

この人、知れば知るほど、イヤハヤ世の中には凄い人がいるものだと、ただただ感じ入ってしまいます。まず、その神童ぶりが尋常ではない。なんせ、子どものころに古本屋で『太平記』五〇巻を暗記したとか、一〇歳にして『和漢三才図会《わかんさんさいずえ》』一〇五巻（漢文で記された江戸時代の百科事典）を暗記して写本をつくったとか……。もう、開いた口がふさがりません。

しかも、学問にとどまらない旺盛な好奇心に満ちた人だったようで、一八八七年（明治二〇）、二一歳のときにアメリカに渡って各地を転々として研究を続けるのですが、その間、曲馬団に加わって象使いの助手をしたり、キューバに渡るとまたまたサーカス団に入っていっしょに移動したりしています。その行動の発想がまことに不思議というか、じつに奇想天外としか言いようがありません。

この熊楠先生をとりあげたのが、二〇〇一年の前進座劇場での『およどん盛衰記』。こんな破天荒な大天才をどう演じればいいのか？　熊楠役をつとめるにあたり、私はもう、なんとも困ってしまうのでした。

ユニークで明るい舞台空間

原作は神坂次郎『およどん盛衰記　南方家の女たち』（一九九五年）。神坂さんは熊楠が過ごした和歌山在住の作家で、『縛られた巨人　南方熊楠の生涯』（一九八七年）をものするなど、熊楠を知り抜いている方です。そしてご自身の手によって、私どもの公演に向けて戯曲化してくださいました。

嬉しいことに、仕上がった脚本は、熊楠の日常が思いのほか軽いタッチで描かれていて、ユニークで明るいドラマ空間がそこには醸し出されていたのです。

一口に言って生活者としての熊楠はハチャメチャ。何せこの大先生の着衣ときたら、布を腰に巻き付けただけの裸同然の姿なのですから……。こんな場面もありました。

酒杯を置いた熊楠は素っ裸になり、よろけながら立ち上がった。

〽赤い手拭　赤地の扇　それを開いてお目出たや　ヘラヘラヘッタラ　ヘラヘラヘッ

いま五月楼の大広間で股間のものをぶらつかせて踊っている熊楠のそれは、まるで糸の切れた奴凧が地だんだでも踏んでいるみたいだった。

〽太鼓が鳴ったら　賑やかだンべえ　ヘラヘラヘッタラ　ヘラヘラへ

やがてひと癖もふた癖もある仲間たちも加わって総踊りとなるのですが、なんとも愉快な雰囲気が伝わってきます。もっともこれ、じつは戯曲に描かれている場面の原作部分なんですね。実際の舞台では当然制約がありますから、素っ裸というわけには……。

稽古を重ねるなか、およそ遠い存在のこの偉人が、人間臭さにあふれていて可愛くすら思え、にわかに自分の等身大で演じられるような気になってきたから不思議です。

ありがたいことにこの舞台の主役は、題名にもなっている「およどん」（女中さん）や、熊楠を取り巻く愉快な仲間たち。みんな個性的です。「およどん」にしてからが、原作ではそれぞれの名にふさわしい冠がつけられていて、一人一人、章段タイトルに使われているくらいなのです。その「およどん」七名の紹介をしておきましょう。「雀のおうめ」「やたけたお留」「影武者おつる」「馬芝居お春」「炊きころびお松」「短気のお千代」「かまきりお直」。

これら主役群像に身柄を一〇〇パーセント委ねての役創りにのぞめたのは幸せでした。

身も心も軽く

そもそも小生、日ごろ無理に無理を重ねて「白塗り」役を演じ、本来柔らかくもない身体を和らかく見せるための、その肉体の縛られ方は尋常ではないのです。その桎梏《しっこく》から解放された役を頂戴したときの嬉しさ、とくに三枚目的な役どころは、間違いなく我が身の軽さを実感するのです。そしてそうした役はけっこう評判がよろしいようで……。

たとえば昭和初期の地方薬種屋の家庭を描いた村山知義作『初恋』(「前進座劇場」開場一〇周年記念公演)では、当主の奥方の弟で、居候をきめこんだあげく、当主(つまり義兄)の「いかず小母」の妹に恋心を抱く、どうにもずっこけた中年男郁次郎。織田作之助原作『蛍』では主人公寺田屋お登勢の、これまたどうにもだらしない亭主の伊助。異常な潔癖性で、叱られると反射的にあたりかまわず拭き出す始末。そのくせちゃっかり二号さんを囲っている……。また白塗り系統でも、落語種の生世話《きぜわ》『唐茄子屋《とうなすや》』での勘当息子徳三郎。そして、自分で言うのもなんですが、極付《きわめつき》は井上ひさし『たいこどんどん』での、吹けば飛んでしまいそうな若旦那清之助。もう演っていてその楽しさと言ったら!

つまり、南方熊楠もまた、そうした役々と同一線上で取り組めたわけで、きわめて楽しく、陽気な稽古場であったことはいうまでもありません。

演出家・十島英明さんの意欲

演出にあたったのはわたしの演劇的同志のおひとり、十島英明さん。十島さんとは初演の『さぶ』で栄二を演じて以来、いままでに何と、主演だけでも一六本の作品でごいっしょしています。『玄朴と長英』がそうでしたし、『怒る富士』『羅生門』『わたくしです物語』『遠来の客』『赤ひげ』『天平の甍』等々。ひとりの演出家とこれだけの本数、しかもほとんどが主役で組むというのも、よくは知りませんが、そうあることでもなさそうです。しかもその多くがロングラン作品として、劇団の財産演目になっており、『さぶ』にいたっては、主役が何人も入れ替わりながら、全国をいったい何巡したのか見当もつきません。

南方熊楠をなんとか芝居にと、長年あたためていたのが十島さんでした。彼の演出の弁から(「巨人を裸に!」上演パンフレット所収)。

この巨人に魅せられて何としても舞台に、と思いたって十数年が過ぎた。巨人列伝中の、けた外れの人物である。

八七年、神坂次郎著『縛られた巨人――南方熊楠の生涯――』(新潮社)が刊行された。巨人の実像が余すことなく描かれているではないか。私はこれならばと勇みたったものの、やはり巨人は巨人である。何処からせめてよいのやら見当もつかない。うーむ、と思案しているうちに数年が過ぎていた。そこへ『およどん盛衰記・南方家の女たち』(九五年、中央公論社)である。こういう攻め方があったのかと、今更ながら氏の発想に脱帽した。女たちから見た熊楠像であり、熊楠を敬愛してやまぬひと癖もふた癖もある友人たちとの交流をとおしての人間熊楠が鮮やかに浮き彫りにされている。

地球環境の破壊が叫ばれて久しい。南方熊楠の人となりは、今こそあらためて見直されてしかるべきであろう。ともあれ、今日の舞台では巨人・熊楠も裸にされるはずである。

テーマと戯曲作法

この作品のテーマはまことに今日的で重いものがあります。まさに、現代におけるエコロジー――環境・自然保護運動のさきがけ、先駆者でありました。粘菌――アメーバ運動をするもっとも原初的な下等の菌類――研究を通じて、自然環境が人類の生存にとっていかに大切か、その共生は絶対に守らねばならない、との信念が熊楠には厳としてありました。明治政府の神社合祀令によって地元の神社が破壊されようとしたとき、熊楠はその阻止のために、官憲へも敢然と立ち向かっていったことはよく知られているところです。このとき熊楠の口から義憤の言葉がほとばしるように発せられるのです。

熊楠　毀された神社の森はどうなるんじゃ。鳥や虫や粘菌はどうなるんや。自然の破壊ちゅうもんは、ちっぽけな土地から始まって、それがやがて、とめどもなく日本中に拡がってゆくのがわからんのか。ばかたれ！

まことに簡潔明瞭、この作品の基本的テーマです。しかし、もし仮にこうしたテーマが、裸で剝《む》き出しのかたちで展開される芝居であったら、ずいぶんと堅苦しい生硬な舞台になっていたと思うのです。でも、この『およどん盛衰記』はそうしたカテゴリーからは遠いドラマであり、娯楽作品としての明るさや楽しさにあふれた世界です。

たとえば、激しい抗議運動の先頭に立つ熊楠が逮捕され、監獄に収容されてしまう場面。これは実際にあったことで、本来ならかなり重いシチュエーションの場ですが、この舞台の基本的トーンとなる戯曲作法が一目瞭然の、冴えた場面になりました。

熊楠がひとり、憮然とあぐらをかいている独房に、仲間のひとり毛利が面会に来ます。

看守　どうぞ。上司が外出中なんで、私の独断で異例の扱いです。面会は三分以内にして下さい。

毛利　ありがとう。恩に着る。（看守、去る）

熊楠　毛利、ようきてくれたな。
どうやら鼻薬がきいたようだな。

毛利　あいつ、お前のことを悪う思うてはいないようだな。

熊楠　ああ、夫婦和合の薬草を教えてやったんや。

毛利　そうけ。どや、居心地。
熊楠　思うたより悪くない。暇やから、落語全集でも置いとけと看守にいうたら、ここは楽しむところではないんです、と言いやがる。
毛利　おおかたそかなことかと思うて、ほれ、ちゃんとコレを持ってきてやった！　見ちゃれ！（パナマ帽の下にしのばせてきた熊楠愛用の顕微鏡を出す）
熊楠　ありがたい。これさえあれば、極楽、極楽……。
毛利　（笑って）弟の常楠さんが、兄が囚人では世間ていが悪いから、金を積んで保釈して貰うといっとるぞ。
熊楠　ごめんこうむる。なあに、こいつさえあれば当分楽しゅう暮らせるわい。
看守　（来て）時間です。
毛利　では南方、またくるぜ。
熊楠　ビフテキと鰻とバナナとアンパンと野菜サラダとオクラとトマトと、駿河屋の、本の字饅頭を喰いたいって松枝に頼んでくれ！　それからバターをこってりぬったトーストも、な。

一息ついて、独房の中をルーペを手に這いずり廻る。ゴミを拾い集めて、顕微鏡に熱中する。やがて――

熊楠　やったァ！　やった、やったぞォ！
看守　（声）先生、先生、どうしたんです。
熊楠　お前も見ろ、鍵ィあけて入ってこい。
看守　（入ってきて、困惑しつつ）先生、困ります。監房の中でこんなことをされては……。
熊楠　うるさい、見てみい。
看守　ハァ……。（無理やり覗かされる）
熊楠　どや、きれいやろ。
看守　はい！
熊楠　ステモニチス・フスカ。
看守　ステモ……ステモ……、モナカ……。
熊楠　新種の粘菌や。この粘菌は白い色やと定められていたが、これは赤い。ルビーや！
　まるでルビーの輝きや！　世界で最初の発見や！　しかも監獄での発見や！（狂喜乱舞）

あとで知りましたが、ウェブサイト「銀座一丁目新聞」にこのときの公演の感想が載っていました。そこに「地方新聞社主の肩書を利用して、毛利が顕微鏡を差し入れる。それを使って熊楠が新種の粘菌を発見、狂喜する。全く憎めない巨人である」と語られておりますが、それがまさにこの場面。

こうした作劇術が成功をみたのは、南方熊楠その人自身の感性、あるいは思考回路の特異性といった、そのありように起因していることもまた事実でありましょう。それら総体のなかから沛然と浮かびあがる芝居の魂、テーマ性。なんとも洒落ているのです。


おしまいにちょっとしたエピソードを。

和歌山大学の副学長を務められた藤本清二郎さんの奥方牧田りゑ子さんは、近世史・古文書の研究家ですが前進座の大ファン。この方が上演にあたっていくつかの資料を送ってきて下さり、それに添付されていた手紙に、こんな一節がありました。

「熊楠がイギリスから帰国してまず住んだ円珠院は、私たちが和歌山に来て最初に住んだアパートの大家さん。しかもこの円珠院、戦後の混乱期には、前進座の方々が何度も泊まられたとか。熊楠が住んでいた十畳の間、その隣の内仏――ああ、あそこだ、なんて……。」

なんと、熊楠が住んでいた同じ部屋に、わが先輩たちも寝泊まりしていた！

江戸・職人気質、技と情への讃歌――『五重塔』

十兵衛　うむ、夜叉《やしゃ》奴、剣、矛、斧なんぞに数万の眷族《けんぞく》引きつれて、来やがったな。この五重塔は、お前たちがどんなに暴れても倒れねえ工夫がしてあるんだ。みんなして丹精こめてこしらえたものが、お前たちのような化物に負けてたまるか。

まれにみる名脚色

幸田露伴の『五重塔』は、江戸の大工二人が織りなす職人気質《かたぎ》を描いた名作です。

主人公は「のっそり」と渾名された、世渡り下手でうだつの上がらぬ渡り大工、十兵衛。彼はいま、江戸でも名うての棟梁である川越の源太のもとで仕事を得ています。そんなある日、谷中感応寺《かんおうじ》に五重塔が建築されることとなり、すでに川越の源太が請け負うことで話が進んでいました。ところが十兵衛は、まるで何かに憑依《ひようい》したごとく、寺の朗円《ろうえん》上人に談じ込み、ついにその普請を奪い取ってしまうのです。日頃から世話になっている親方の仕事を横取りするなど、どう理屈をつけようがありえない話。妄想の世界の話としか言いようもない事柄です。しかし十兵衛の強い思い込み、心情の激しさは、ついに朗円上人を納得させてしまいました。もはや人間の思考や論理の範囲を超えて魔性としか言いようもなく、露伴のみが描き得た世界というべきでしょう。そして十兵衛は見事に五重塔を完成させ、複雑な思いを抱いて見ていた川越の源太もその偉業を認めることになるのです。

この名作を舞台化するにあたって、津上忠《つがみただし》の脚色が見事でした。「まれにみる」と冠をつけてもおかしくない名脚色なのです。いうまでもないことですが、脚色にあたっては、原作のテーマ性、作品構造、ときにはその文体や品格なども投影されます。それらを包含したうえでさらに、原作にはみあたらぬような事柄でも、必要とあらばその作意にのっとって引っ張り出し、主題をいっそう鮮明に炙《あぶ》り出して、舞台をより豊かに彩っていく。前進座の座付き劇作家演出家として実績をつんできた津上忠は、ここで比類なき腕の冴えを発揮しました。

大きく二点に的を絞って、ここに描出してみようと思います。その第一は、原作にはなかった十兵衛の工法上の工夫を押し出したこと。そして第二は、クライマックスである暴風雨《あらし》の場面での「技」と「情」のせめぎ合い。

衣裳と共に、深い祈りのなかで

前進座が津上忠脚色で『五重塔』を初演したのは一九六五年（昭和四〇）、のっそり十兵衛を演じたのは河原崎長十郎でした。そしてその四〇年後となる二〇〇五年、私は初めて十兵衛を演じることになります。

じつはこのとき、私と藤川矢之輔がシンとなることは了承されていたのですが、十兵衛をどちらが演《や》るのか、劇団内でけっこう話題になっていました。ひょっとすると、私の十兵衛は予測していなかった人のほうが多かったかもしれません。

ここでちょっと前進座の配役決定の手順を説明しておきましょう。まずは文芸演出部（以下、文演部）において演出家（歌舞伎の場合は演出進行者）から案が示され、若干の手直しがあったとしても、演出家の意思を尊重したうえで幹事会に提案されます。もちろんそこでも演出家のプランは基本的に了承され、そのうえで全配役のバランス、他演目との整合性などを調整して決定されるのが通例です。

いま「他演目との整合性」といいましたが、前進座ではとても重要なことです。各企画の上演パターンがじつに多様だからで、つねに俳優全員がそれぞれの能力を発揮できるよう、過不足ない調整が大きなポイントになるのです。そうした配役上の掟に関わってもうひとつ付け加えると、それぞれの公演でも、都市大劇場などでの公演は二本立て以上の演目が通例ですが、一人の役者が二作品の主演を占有することは基本的にありません。それは長十郎・翫右衛門《かんえもん》、両大御所時代から引き継がれてきたすばらしい伝統のひとつなのです。

さて、この『五重塔』の場合、最終的には若干の日をおいてから、文演部再提案となったのでした。ということはつまり、演出者（鈴木龍男）に熟考の時間が必要だったということでしょう。

正直に記すと、このとき私はこう考えていました。役柄的なイメージからいえば、私はすんなり川越の源太で多分そっちにまわるだろう、しかしもし十兵衛だったら、演りがいはとんでもなく大きいが、同時にとんでもなく大変だぞ、と。

そもそも私自身の体形は、のっそり十兵衛とは程遠いのです。腰を入れっぱなしにしたうえで、さらに膝を折らねばどうにも役になりません。その体形で三時間は辛い。やっぱりこりゃ無理だな、などとアレコレ考えているうちに、日はアッという間に過ぎてしまいました。そして文演部からの提案（つまり演出家の決断）は、なんと私の十兵衛でした。

稽古場での役創りの悪戦苦闘は記すまでもないでしょう。役創りの前に、即物的な体形づくりと格闘することになったのですから。その体形づくりのウソがお客さんの眼にはっきり覚られ、仮に失笑でもされたら、そこでもう役創りは失敗です。そうした心配は稽古を積んでも拭い去ることはできませんでした。そしてとうとう稽古も最終日になって、初日どおりに大道具を飾ってメイク、衣裳をつけての「舞台稽古」。

私はこのときの感動にいまでも心が震えるのです。夢でも見ているようなその事実のなかで、そのとき私はやっと、「ああ、これでのっそり十兵衛になれるか」との実感をいだくことができたのですから。というのは――

メイクも済みかつらも掛け、あとは衣裳をつけるのみ。私は分厚い着肉《きにく》（綿の入った、体形を大きく見せるために襦袢の下に着る綿入れ）を着て、衣裳方が用意した衣裳を手順通り、江戸職人の印でもある紺無地木綿の股引、腹掛、そして半纏《はんてん》といった、いわば三点セットを身に着けていきます。最初に股引を穿《は》いたとき、アレッと驚きました。ダブダブすぎるほどダブダブで、継ぎの当て方も嘘のように馴染んでいるのです。なんとも十兵衛ぴったりの股引で、「これだと膝を曲げてもばれないぞ」とちょっと嬉しくなりながら腹掛、半纏と着けていく。その半纏の、洗い晒した紺木綿の擦れぐあいの見事さに、またまた唸ってしまいました、「適当に見つくろって用意した衣裳では、こんな年季物のリアリティが出るものではない……」。と思った刹那、私は息を呑みました、「もしや――」。

このときの私の驚きと喜びは、なかば夢心地のなかにありました。まさにそれは、まだ駆け出しの役者だった私が、大工の一人として参加していた四〇年前の『五重塔』初演時、のっそり十兵衛役の河原崎長十郎さんが身につけていた衣裳、そのものだったのです！

前進座は創立期より、業界最高の歌舞伎衣裳専門の「松竹衣裳」のお世話になっており、歌舞伎の豪華な衣裳など、私どもは最高級のものを身につけて舞台を勤めさせていただいています。それにしてもこうした衣裳まできちんと管理していてくれる……。感謝です、松竹衣裳さん！

この衣裳を身につけ終えて私は、半世紀近くも前の、初演時の長十郎十兵衛に思いを馳せ、あの風格、大きさ、長十郎さん独特の歩き方を含めて、目に焼き付いている十兵衛の残像に、己れ自身の十兵衛を重ね合わせていました。

開幕五分前のベルを聞いて私は、飾りこまれた序幕、書院座敷の舞台裏に向かうと、大風呂敷に包んだ五重塔の大きな雛型《ひながた》を、助手さんの手も借りて細心の注意を払いつつ、腫物にでも触るように、ゆっくりと背負いました。そして膝を可能な限り折った体形をつくり、深い祈りのなかで、出に備えていたのでした。

「真柱」の工夫を具象化

さて、津上忠の脚色の妙について。まず十兵衛の工法上の工夫です。いかに自分の腕に自信があったにせよ、世話になった親方の仕事を奪うのですから、下手をすると――しなくとも――エゴイズムの権化のように捉えられかねません。己の技への強烈な思い込みにもう一つ、日常的レベルでの具象化を試みて、さらなる演劇的説得性をもったのが「真柱《しんばしら》」でした。それが十兵衛の行動に、みごとなまでの「技術的確信」の性根を据えたのでした。

これは、五重塔を支える柱である真柱を鎖で吊って「土台石」から浮かせるというもので、この構造は日光東照宮にも残されているように、建築史的にも根拠があることです。何よりも、物語の舞台である谷中感応寺（現天王寺）の実際の五重塔がこの工法でした。残念ながらこの五重塔は一九五七年（昭和三二）、心中事件で焼失。真柱を支える窪んだ臍《ほぞ》を持つ土台石が、いまもそのまま残されており、目にすることが可能です。

この事実をしっかり押さえた脚色者はまさに慧眼でした。ちなみにこの工法、近代建築でも厳として存在する耐震構造の手法であり、高さ六三四メートルを誇る東京スカイツリーの真柱も、この工法の原理をもってつくられています。

こうした塔の構造、建築にかかわっての技術的記述は原作にはありません。ともあれ、十兵衛の技術的確信の背景を開幕早々にズバッと観客へも披瀝してしまうのですが、これはドラマを構築する上でも大変重要な役割を果たすことになったのです。また十兵衛の役創りにあたっても、体内にドーンと真柱が築かれたような感触があり、非常に助けられました。「心柱」とでも言いましょうか……。

もうひとつ触れておきましょう。舞台で実際に披歴される実寸二十分の一の「五重塔」の雛型が本当にすばらしく、もはや「芸術作品」でした。一メートルほどの大きさで、一部分をはずすと内部構造が、真柱も含めてはっきりとわかるように細かく作られている。十兵衛の魂のこもったこの雛型、まさにこうであったろうと思わせる出来で、作ったのは劇団文演部の松田益平さん。寡黙、おだやかなお人柄で、地味にコツコツと舞台裏の仕事を何でもこなす、まさに職人そのものの気質の方でした。筋肉質でしたが、ちょっと小太りで、のっそり十兵衛を絵に描いたような方と言っていい。

そういう人が昔は劇団にいたんですね。芝居はアンサンブルといいますが、それは俳優だけではなく、裏方の人々すべての力が結集されての総合芸術だと実感します。実際にこの雛型をお上人様の前に置いて説明するとき、そのリアリティに私自身が圧倒され、役者として、そういうスタッフに丸ごと支えられている幸せを、しみじみと感じる一瞬でした。

江戸職人の「技」と「情」——凄まじきその葛藤

そしていまひとつの名脚色は、クライマックスとなる暴風雨《あらし》の場面なのですが、その前に大事な伏線があります。

幸田露伴は『五重塔』で、江戸職人の究極の職人気質をあますことなく描いていますが、そのひとつは「技」への凄まじい執着で、十兵衛がそれを担っている。もうひとつは深い「情」の世界。こちらは主に川越の源太親方の江戸っ子気質を通して活写されています。

源太にとって十兵衛は、人の道も知らぬ成り上がり者、しかも親方である自分を足蹴にして仕事を奪い取った憎っくき奴です。ところがいざ普請がはじまると、陰で大工、人足の手配から材木の仕入れまで、手を差し伸べようとします。源太の思いっきりのよさはそれにとどまりません。棟梁にとっては命の次に大切であろう、五重塔の下絵図まで提供しようと言いだしました。地割や初重から五重までの仕様、さらには彫物、長押《なげし》、高欄《こうらん》、垂木《たるき》の仕様などを描いた、家に代々伝わる秘伝……。まさに江戸っ子の鏡、華のきわみ。大向こうから「ヨォッ、源太親方！」と声のひとつもかかろうという気風《きっぷ》のよさです。

このくだり、思いもよらぬ源太の言葉に、客席も心のなごむ雰囲気があって、十兵衛を演じている私にも、ホアッとした客席の反応が伝わってくるのでした。

ところが十兵衛、せっかくのこの源太の申し出を「自分には自分なりの、誰もやらねえ工夫がある」と、こともあろうに撥ねつけて断ってしまいます。意固地で頑《かたく》な、人の心もわからぬ人間、まさにエゴイズムの塊のような十兵衛としか言いようがありません。それにしても露伴先生、鼻持ちならぬこんな厭な奴をモチーフに小説を書くんですから、凄い世界を描こうとしたものです。

ともあれ、火花散る葛藤の末、当然ながら源太は大立腹、捨てぜりふを残して立ち去ります。津上忠の脚色は、原作を要領よくまとめてこうせりふに託します。

源太　なあ十兵衛、その誰もやらぬ工夫とやらで、定めて立派な塔ができると思うが、地震や大風にあったとき、倒れるようなことはございませんね。
十兵衛　のっそりでも恥は知っております。
源太　ようし、その一言、忘れずに覚えているぜ。俺は汚ねえ仕返しはしねえかわりに、お前の仕事ぶりに眼を光らせているからな。

このせりふは、のちにリフレーンされて、見事に生かされるのですが、それは、この職人気質の「技」と「情」の究極の世界を、高らかに謳いあげずにはいられなかった幸田露伴が仕組んだ、前奏曲のひとつだったとみてとれます。

クライマックス、暴風雨の場面

いよいよ五重塔の普請が成り、落成式を待つばかりの前夜、江戸の街を暴風雨《あらし》が襲います。この物語の最大の見せ場です。そして原作の素晴らしさを生かしたうえでの、真柱につづく二つ目の演劇的再生が実を結んだ場でもありました。

いったい、すべてが木造家屋である江戸の街で、暴風雨の恐怖はどんなものだったのでしょう。おそらくコンクリートに囲まれて、曲がりなりにも守られて暮らしているいまの私たちの想像をはるかに越える、とんでもない恐怖感に包まれていたのではないでしょうか。

そうした実感、恐ろしさを、露伴は襲う側の嵐に託して筆にしています。それも、これでもかこれでもかと、徹底的な描き方で（小さな活字がぎっしり詰まった文庫版で四頁！）、自然の暴威の象徴としての夜叉《やしゃ》が、人間の驕《おご》りへの刃を連綿と、霰《あられ》のごとき美文調で綴られた露伴渾身の一節です。その嵐の声の、ほんのひとくさりを抜き出してみても——

「嬲《なぶ》り殺せ、活《いか》しながら一枚一枚皮を剝《は》ぎ取れ、肉を剝ぎとれ、彼らが心臓《しんぞう》を鞠《まり》として蹴《け》よ、枳棘《からたち》をもて脊を鞭《う》てよ」

「残忍の外《ほか》快楽《けらく》なし、酷烈ならずば汝ら疾《と》く死ね、暴《あ》れよ進めよ、無法に住《じゅう》して放逸《ほういつ》無慚《ざん》無理無体に暴《あ》れ立て暴れ立て進め進め、神とも戦へ仏《ぶつ》をも擲《たた》け」

「手ぬるし手ぬるし酷《むご》さが足らぬ、我に続け続けと憤怒《ふんぬ》の牙を噛み鳴らしつつ夜叉王の踊り上がって焦燥《いらだて》ば、虚空に充ち満ちたる眷族《けんぞく》、をたけび鋭くをめき叫んで遮《しや》に無《む》に暴威を揮ふほどに」

さて、このような激しい暴風雨のなか、十兵衛は懐に鑿《のみ》一本しのばせて、五重塔に駆けつけます。塔内に入った十兵衛は、不退転の心で暴れに暴れる暴風雨と対峙する。ここで見事な脚色の妙が発揮されるのです。

十兵衛の眼前に忽然と姿を現わしたのが、自然の猛威の象徴として露伴が描き出すところの夜叉と毘沙門《びしやもん》でした。こうして脚色者は、その凄まじいとしか言いようもない情景を、十兵衛の自己葛藤として演劇化、自然の猛威に抗して己の技術がうち勝ったことを確信するにいたる、テーマにかかわる重要な役割を担う場としたのです。

じつをいいますと、この場に登場する夜叉と毘沙門をどう表現するか、河原崎長十郎（十兵衛）中村翫右衛門（源太）両御大での初演以来、主役は何代にもわたりましたが、その折々さまざまに工夫が凝らされてきました。幻燈を使ったり、人形を使ったり、ときには俳優が演じたり。しかしどのやり方も一長一短、この舞台の高評価にもかかわらず、ここだけはピタッと決まったことがありません。私の場合も十兵衛初役の折（二〇〇五年・前進座劇場）には、演出家の指示にしたがって絵柄を使っての照明処理で臨んでいました。

そして、その後の再演（二〇〇七年・京都南座）では、夜叉や毘沙門の姿を描き出す試みをすべて捨て、私はあくまでも十兵衛の「心象」として演じ、お客様それぞれの想念に委ねることとしたのです。

しかし演じていてここは本当に大変でした。身も心もクタクタになります。なにしろ正面を向いたまま（もちろん、毘沙門をイメージしてせりふを言う時は花道揚幕《あげまく》方向、夜叉の場合はその逆と使い分けますが）、十兵衛の心象を観客席に伝達させねばなりません。そのイメージを原作と重ね合わせてみましょう。

十兵衛　夜叉奴、剣、矛、斧なんぞに数万の眷族引きつれて、来やがったな。

［原作］「手ぬるし手ぬるし酷さが足らぬ、我に続け続けと憤怒のを噛み鳴らしつつ夜

叉王の踊り上がって焦燥ば、虚空に充ち満ちたる眷族、をたけび鋭くをめき叫んで遮に無に暴威を揮ふほどに」

十兵衛　嬲れるものなら嬲ってみろ。皮を、肉を、心の臓を剝ぎとって、嬲れるものなら嬲り殺してみろ。

［原作］「嬲り殺せ、活しながら一枚一枚皮を剝ぎ取れ、肉を剝ぎとれ、彼らが心臓を鞠として蹴よ、枳棘をもて脊を鞭てよ」

要するに私は、露伴の原作を拠り所として襲う側をイメージし、それに抗するせりふを台本に則して口にする訳です。ここでの一連のせりふは、決して大げさではなく、露伴の原作（四頁分）を背負っていなければなりません。そのうえ暴風雨の場面、当然エフェクト（効果音）も半端ではなく、声帯の負担も並のものではないのです。

いずれにしても津上脚色のこの場は、文学の世界と演劇を見事に整合させ、原作の主題をさらに明確に示したものとなりました。

この幻影との闘いに勝利した瞬間、十兵衛の、究極ともいえるエゴイズムは霧消し、その技術への絶対的確信は、紙一重で客席にも届けられ、十兵衛への讃歌となって、やがて人々の心を包み込んでいくのです。

南座再演に向けた仕上げの通し稽古で、幻影を克服して我に返ったそのとき、それまでの稽古ではなかった笑いが、腹の底からの高笑いが、衝動的に、私自身の感情のほとばしりとその生理のなかから、おのずと湧き上がってきたのです。このうえなき新たな発見でした。

そしてこの場面を、さらに劇的に盛り上げるのは川越の源太です。原作では一貫して情に厚く肝っ玉の太い、江戸職人源太が描かれていて、この暴風雨のときも、心配のあまり、五重塔に駆けつけさせました。しかし、外廻りをぐるぐると徘徊させているのみで、二人が出会う場面はありません。

脚色者はまた、ここでも原作の意を正確につかんで演劇的昇華を果たしました。暴風雨のなか、源太を塔内に飛び込んで来させたのです。私は演じていても嬉しくなってしまうのでしたが、ここはまさに、男と男の魂が触れあう、強烈な場となったのです。

私はいま、文豪が生み出したこの素晴らしい文芸ロマンの香りを一身に浴びながら、そして稀有な名脚色を味わいながら、幸せこの上なき気分に浸りつつ、ここまで一気に筆を執ってきました。

しかし、いったんその気分を断ち切って、触れておかなければならないことがあります。悲しく、悪夢としか言いようのない、もうひとつの『五重塔』物語です。

「文化大革命」のプロパガンダに

前進座は一九六六年、第二次の中国訪問公演を実施します。演目は『五重塔』『巷談本牧亭』その他。私はまだ駆け出しの若造でしたが、メンバーの一人として参加していました。ところが中国ではそのころ「文化大革命」が勃発、北京入りした直後に二回目の紅衛兵による百万人大集会が天安門広場で開催されるなど、大きな騒ぎになっていました。

騒然とした空気のなか、中国の慣習にしたがって、実質的初日というべき公開舞台稽古が開かれます。政府要人はこの日に見学する慣わしで、周恩来首相をはじめ、多くの大物関係幹部が来ました。カーテンコールは、参観した政府要人を舞台上に迎えてのセレモニーがあるのが慣例です。しかしこの日はいくら待てども、誰も舞台に上がってきません。なんとも気の抜けたかたちで終わったのです。

翌日、団長(河原崎長十郎)のところへ中国側からの使者が来て、ただちに緊急集合の指示が出されました。そして急遽、稽古のやり直しが始まったのです。なんと団長が、中国側の理不尽な要求を受け入れてしまったのでした。その中国側の言い分とは?

あっけにとられました。渡り大工の十兵衛はプロレタリアートの代表であり、親方川越の源太は資本家階級の代表である。したがって両者が手を組むことはありえず、五重塔の完成は十兵衛に代表されるプロレタリアートの勝利でなくてはならない、云々。

あまりにも単純かつ乱暴な図式で、そもそも国際間の芸術交流で自国の政治路線の押し付けなどありえない話です。ところが、信じられないことでしたが、実際にそうした路線の解釈で稽古はやり直され、舞台は開いてしまったのです。

終幕は五重塔落成式。幕が開くと、その数分後には川越の源太親方が引きずり出され、労働者を搾取する憎っくき奴め、とばかり大糾弾の場と化すのです。あげく、寄ってたかって裃《かみしも》の肩衣《かたぎぬ》、袴を剥ぎ取っておっ放り出す始末。さらには、せっかく造り上げた五重塔に安置された仏像を叩き壊す。そうした場面では、組織動員されたであろう紅衛兵たちの大拍手、大歓声の渦。なんのことはない、舞台はまるごと、紅衛兵と同一レベルの、毛沢東戦略の一端に組み込まれてしまったのでした。幸田露伴の名もろともに。

幕が降りると、私の心は叩きのめされていました。あまりに安っぽいプロパガンダ劇の片棒を担がされてしまった、白昼夢のごとき悍《おぞま》しき現実。怒りと悲しみ、虚しさに包まれて、涙を抑えることもできずに、重い足を引きずって楽屋へ向かうと、誰からともなく口ずさむ歌が小さく広がっていきました。当時歌われていた労働歌の一節「民族の自由を守れ——」。

帰国後、舞台でのこの具体的内容は、誰もが口にしませんでした。あまりの馬鹿馬鹿しさとお粗末な結果を、いったい誰が語ることができたでしょうか。とはいえ、これは劇団史における歴史的汚辱の事実、己に鞭打ってその真実は記録しておかなければならない。

その後、前進座の幹事長だった河原崎長十郎さんはその職を解任され、それから一年後に劇団を除名されます。幹事長解任となったには、中国公演にあらわれたような長十郎さんの姿勢や行動が関係なしとはしませんが、除名の理由はそれではありません。いわば職務放棄で（幹事の籍は保障されていました）、劇団は一年間にわたって座活動に戻るよう呼び掛けていたのです。しかしここでいま、その経緯を詳しく記すこともないでしょう。

ただ、この方なくして、前進座はおそらく、いまのようなかたちで誕生をみることはなかったでしょうし、その芸の大きさ、風格、魅力はいくら語っても尽きることはないのです。それだけに、嗚呼、嗚呼、嗚呼……。

火花を散らす二人の職人

本題に戻りましょう。

堂内に源太が飛び込んできた後、若干のやりとりがあって、源太は真柱に手を触れつつ、上を見上げます。ここで先述のやりとりがリフレーンされ、じつに効果的に、二人の心の深淵に迫るこの場の導火線の役割を果たします。

源太　これが、お前が苦労した細工だな。

十兵衛　へえ。親方、何でこの暴風雨《あらし》の中……？
源太　暴風雨だから、来たんだ。十兵衛、お前、忘れちゃいめえ。俺がいつか地震や大風があっても、こわれるようなことはあるまいなと聞いたとき、お前は、のっそりでも恥を知っております、ときっぱり言い切ったな。
十兵衛　へい、言いました。
源太　そのとき、俺は、汚ねえ仕返しはしねえかわりに、お前の仕事ぶりに眼を光らしてみているといった。それも忘れちゃいめえ。
十兵衛　憶えております。

そして源太の口から、なんと、この真柱の工夫と構造を細分もらさず解明されていくのです。暴風雨の音のなか、それに逆らう声でてきぱきと、テンポよく語っていかなければなりません。源太役者の腕の見せどころのひとつでしょう。

すでに十兵衛の口から、そしていまリフレーンの形で源太の口を通して、万が一のときの覚悟は語られています。したがってこの後に続くせりふでは、そうした説明いっさい抜きの必要最小限の会話のみになります。いわば二人の役者の、腹の芸が展開されるのです。

この場面、最終のせりふです。

源太　十兵衛、もしも、この塔がこわれでもしたらお前の恥だ。いや、お前だけじゃねえ。仕事を譲った俺も、やった仲間も恥だ。面汚しだ。そのときの覚悟はできているな。
十兵衛　へえ。
源太　（のみを懐中から出す）支度は、してきているぜ。
十兵衛　それには及びません。（自分ののみをみせる）
源太　うむ、そうか……

風雨の音、一段と激しくなる
木のきしむ音。激しい雨の音。

——暗転——

江戸・職人気質の技と情、魂の結晶

終幕は台風一過の翌朝。晴れ晴れと澄みきった空のもと、五重塔落成式。大工、職人が唄う「木遣《きや》り」の声が響きわたるなか、明るい祝祭の気分に包まれて幕が開きます。
ここは余計な注釈なしで、いくつかのせりふを綴って、めでたく幕といたしましょう。

朗円　さて、十兵衛殿に、源太殿。（木札を出して）わしは、これにこう書いてみた。そなたたちさえよければ、この塔の上に掲げようと思うが。

十兵衛　（受けとって）「江戸の住人十兵衛、之《これ》を造り、川越源太、之をなす」

源太に渡す

源太　（みて）いけねえ、お上人さま、あっしゃあ、ここに名前を書かれるわけはございません。

朗円　わしはそうは思わぬが、十兵衛はどうじゃ？

十兵衛　はい、おっしゃる通りと存じます。

源太　十兵衛、お前、ほんとうにそう思うのか。

十兵衛　ほんとうも嘘もねえ。その通りだもの。この仕事は親方が力をかしてくれたからできたんだ。いや、親方ばかりじゃねえ、ここにいるみんなもだ。親方、この塔が倒れたら、仲間の恥だといったね。それが、あの暴風雨《あらし》に耐えてこうして建っている。こりゃ仲間のほまれだよ。

源太　そうかい……。わかった。

朗円　ではよいな。そなたたち二人の手で仲よく掲げてくだされ。

十兵衛　はい。有難うございます。

源太　はい、はい……。

二人、感涙にむせぶ

朗円　（従僧から色紙をうけとって）これはわしがこの塔を賞《め》でて作ったものじゃ。そなたたちに上げよう。（読む）

「宝塔長《とこし》へに天に聳《そび》え、西より瞻《み》れば飛檐《ひえん》ある時素月《そげつ》を吐き、東より望めば勾欄《こうらん》夕《ゆうべ》に紅《こう》日《じつ》を呑む」

十兵衛　お上人さま、もう一度読んでください。

朗円、くり返すうちに

——幕——

「役柄」と「声」――『毛抜』(前編)

弾正　何とご覧なされたか、姫君の病《やまい》のもと。最前毛抜《けぬき》
小刀《こがたな》のおのれと立つは、合点《がてん》行かぬと心をつけてみる
ところに、只今姫君の櫛笄《くしこうがい》をみれば、悉《ことごと》く鉄の薄金
を以って彫りあげたる蝶花形。［中略］
一槍《ひとやり》にてつき落としたれば、案に違《たが》わず磁石のからく
り。おのれ何者に頼まれた真っすぐにぬかせ、命ばか
りは助けてくりょう。

多様な役々を演じてきて

もう二〇年近く前のことですが、私は「恥ずかしながら、私自身の〝役柄と声〟」と題してエッセイを綴っています（『悲劇喜劇』二〇〇一年六月号）。「声」についての特集で、こんな書き出しでした（一部・改訂）。

加齢とともに、演ずる役々もずいぶんと様変わりしてきたように思います。

いま私は山本周五郎『赤ひげ』で東北・北海道の巡演に出ていますが、十五年前の初演時に演じた役は、エリートで小生意気、鼻持ちならない青年見習医＝保本登でした。ところがいまは〝赤ひげ〟こと新出去定《にいできよじょう》。そういえば九州の演鑑連（演劇鑑賞団体連絡会議）の例会でシェイクスピア『ベニスの商人』のシャイロックを演じたのもついこの間でした、その一年前には坪内逍遥『大いに笑う淀君』で、とうとう年老いた太閤秀吉を演《や》らされました。いやはや、二枚目は遠くなりにけり、ではあります。

それでもこの数年、二枚目系列が皆無というわけでもないのです。白塗りの純二枚目役系列では、鶴屋南北『本町糸屋の娘』本庄綱五郎があり、歌舞伎ではありませんが、つっころばし（歌舞伎の上方狂言、和事系の役柄の一つで、突けば転がってしまいそうな優男《やさおとこ》）的要素も取り入れた井上ひさし『たいこどんどん』若旦那清之助。

立役系列では、歌舞伎十八番『鳴神』鳴神上人、並木五瓶『五大力恋緘《ごだいりきこいのふうじめ》』薩摩源五兵衛、真山青果『元禄忠臣蔵・御浜御殿』徳川綱豊卿。この五月には、国立劇場での『菅《すが》原伝授手習鑑《わらでんじゅてならいかがみ》・寺子屋』松王丸も控えています。砥粉地《とのこじ》の実悪《じつあく》（主役級の敵役）では、鶴屋南北『お染の七役』鬼門の喜兵衛。

その他、書き物（新作）では、五木寛之『蓮如』蓮如、加藤周一『富永仲基《とみながなかもと》異聞――消えた版木』富永仲基、織田作之助『蛍』伊助、この三月には上演したばかりの神坂次郎『およどん盛衰記』南方熊楠、等々。

臆面もなくだらだらと並べましたが、つまりはこうした役々の場合、例えば「声」のみにスポットを絞ってみても、それは同一の質感では演じきれるものではないのです。さりとて、作り声のわざとらしさはもっとも唾棄すべき事柄です。そうした関りを私自身の修業体験にもとづいて歌舞伎、とりわけ「声」にこだわっての、ささやかな検証を試みたいと思ったからです。こうした多様な役々に出会えることは、俳優として大変ありがたきこと。それはまた舞台ならではの醍醐味、言い尽くせぬ魅力といえましょう。

ここまでを前置きとして、以下、このエッセイを下敷きに、歌舞伎独特の「役柄」という世界に焦点をあてて考えていきたいと思います。『赤ひげ』や『たいこどんどん』、『子午線の祀り』といった新作系列の舞台でも、そうした古典演目での修業が大いに役立っているのは自明だからです。

「役柄」＝様式性の純化

「役柄」という世界。新劇もふくめた広義の意味での近代劇はまず戯曲ありきで、そのなかで縦横に性格や心理状況が形づくられていくのですが、役者中心に発達をみた歌舞伎の場合、それぞれ得手とする「役柄」といった分野が存在し、それは個々の独立した作品にあっても、共通項として必ず位置づけられている世界です。

古来、立役《たちやく》・実悪・敵役・親仁方《おやじがた》・花車形《きやしやがた》（中年すぎの女性）・道化形・若衆方・若女方の八系統に分類されています。が、歴史とともにさらに細分化され、かなりの程度に込み入っています（ちなみに「二枚目」という役柄は本来ありません）。

この「役柄」、複雑で多岐な人間像を単純化し類型化したといった構図なのですが、逆に「様式性」の純化のなかで、洗い上げられ典型化されていったという捉えかたもできます。

いま顧みてしみじみ思うのですが、その勉強の場として前進座という、伝統の継承とともに新たな演劇の創造を標榜する劇団に、我が身を置いてきた幸せを考えずにいられません。

歌舞伎十八番『毛抜』の場合

では具体的に演目に即してみた場合、どうなるか。ここでは歌舞伎十八番『毛抜』を取り出してみます。この『毛抜』、とぼけた味わいを持つ、まことにおおらかな芝居です。

舞台は「(小野)春道の館」。家宝の短冊紛失ゆえに御家騒動が勃発、家老・秦民部《はたのみんぶ》と同・八剣玄蕃《やつるぎげんば》が対立しているなか、姫(錦の前)の髪の毛が逆立つ奇病に大騒動。そこに姫の許嫁文屋豊秀《ぶんやのとよひで》の家臣・粂寺弾正《くめでらだんじょう》が登場。姫への見舞いを口実に病の正体を探りに来たのだ。やがて弾正、お茶を出されて一服の折、毛抜でのんびり髭を抜いていると、その毛抜が突然踊りだすのをみて推理をめぐらす。ついに天井に磁石を持って潜んでいた忍びの者を槍で突き落とし、姫の、鉄をまぶした髪飾りが奇病の正体と喝破する。弾正は、お家のっとりをはかる八剣玄蕃が悪の根源と、玄蕃が仕組んだ家宝の短冊も取り戻すと、玄蕃を討って万事めでたくおさめ、悠然と立ち帰るのだった。

奇想天外というか、奇抜な趣向であることにくわえ、弾正の鷹揚な役柄がまたおもしろい。若衆や腰元を口説いては振られるといった愛嬌も見せます。ちなみにこの芝居、江戸時代後期の文化九年(一八一二年)六月、江戸市村座で七代目団十郎が上演して以来途絶えていましたが、一九〇九年（明治四二）、二代目市川左団次が復活上演しました（これは演劇史上重要な出来事なので、後編であらためて詳しく述べます）。

芸の基本的骨法

私が駆け出しのころ、『毛抜』で初めて与えられた役は、物語で重要な役割を果たす磁石を「エッサエッサ」と運ぶ「忍びの者四」。物語をわかりやすくするため、そのときだけ付け加えられた場でした。

その後順次、若衆方の秀太郎《ひでたろう》（一九六一年）、和事風純二枚目の小野春風（一九八一年）、辛抱立役《しんぼうたちやく》の秦民部（一九八七年）、そして立役中の立役である粂寺弾正（一九九五年）を演じます。一本の芝居で、これだけの「役柄」を体験できる、このありがたさ！

さらにありがたかったことは、折々の舞台で大先輩たちの、いわばお手本を眼のあたりにしていたことです。父（五代目）嵐芳三郎の、はんなり、ぼんじゃりといった形容がぴったりの、和らか味横溢の春風。六代目瀬川菊之丞の堅実な味わいにあふれた民部。そして河原崎長十郎の愛嬌と風格に満ち満ちた弾正。

こうした舞台を重ねるなかで、洗い上げられてきた各「役柄」のなんたるかを、理屈ではなく肌身に憶えこんでいく。化粧・着附け・立居振舞、そして「声」、さらには品格や雰囲気といった、直接眼には見えない匂いのようなものまで含めて、いわばその基本的骨法を学びとっていく。「役柄」に固有のそれぞれの要件のなかから、ここでは「声」について。

当然のことですが、声にも役柄によっての差異があり、それぞれにふさわしい音域や音使い、ときには色彩感といった類までを包括したところの、なんと形容したらいいか、いえば質感があるわけです。役柄に即した総体としての声の質感、もちろんそれは同義語といってもよいほど「せりふ術」と密接な関係にあるわけですが、この際「術」は素通りします。『毛抜』で私が演じた役々で具体的にみていきますと——

若衆方の秀太郎と和事風な匂いをもつ小野春風は、どちらかといえばともに高音域で、響きも和らかで類似しています。とはいえ、前髪のお小姓と苦境に追い込まれている若殿様、といった立場の相違をふくめて、その音使いは微妙に違うのです。

忠臣の民部は辛抱立役で、いわゆる地声（自分の日常的なトーン）でよい役です。

そして粂寺弾正。「和実」（和事のやわらかみと、実事の男性的な写実芸を併せもつ）の役柄ですが、やはり荒事師の役には違いない弾正はいわゆる「呂《りよ》」の声。低音域の、しかし張りのある響きを基本とした音声でなければならず、響きの力強さを求められます。とりわけ呼吸の深さと腹の強さ、これはもう、初役初演のときなどは徹底的に苦しめられ、まさにそれとの闘いにつきる、といっても過言ではないほどでした。ただ、そうした音使いのなかにあっても、ときに「甲《かん》」の声といわれる、裏に抜けるような高音域の声も必要とされ、歌舞伎ぜりふの音楽性をさらに豊かに彩っているといえましょう。

これらの役々の声の質感の違いといっても、それらはあくまでも、己の声域の範囲内での活用の結果であって、女方の場合は別として、決して作り声であってはならず、そのキーワードはやはり呼吸、そして肚にあるのです。

せりふに把まるな、腹に把まれ

呼吸ということで思い出すのは、故・中村翫右衛門さんです。彼が私たちに残してくれた大切な言葉のなかに「せりふに把《つか》まるな、腹に把まれ」がありました。これはまさに座右の銘とするにふさわしい名言。

「せりふに把まるな」とは、表面的な物言いへの戒めであることは言うまでもありません。そして「腹に把まれ」とは、私の理解では二つの側面があって、ひとつは役の性根《しょうね》、つまりせりふそのものの論理性あるいは真実感のありかをしっかり摑めということで、よりふさわしい漢字で表記すれば「肚」。いまひとつはそれを支える技術としての呼吸法です。実際、彼の舞台を観てつくづく感じ入るのは、呼吸の深さ、「腹」の強さでした。

ところで呼吸というとき、まず大事なのは息を吸う作業です。横隔膜という腹部の筋肉もきちんと使って――腹式呼吸――、いかに正しく十分な息をため込むか。その土台があってこそ、「間」が自在になり、息を合わせたり通わせたりしながら、その息を弾ませて、呑むことも、潜めることも、休めることも、抜いちゃうことだって、可能になるんですね。ついには切れた息を詰めたあげく、止めたまま、殺してしまうこともできる。

息の支えがあって初めて、呼気による音声がさまざまな表情を持ちうるのです。つまり、「吸」と「呼」が連動することによって、生きた言葉、せりふがかたちづくられていく。

ちなみに「息」という字を分解すれば「自らの心」。実際に声になる呼気だけでなく、吸う息にも「せりふの心」に準じたそれぞれの色があり、決して無色透明ではないのです。

役の性根ということ

役柄に話を戻しますと、その声の在りどこは、同じ役柄といえども決して固定されたものではありません。役者それぞれの体質や個性、総じて芸質によっての差異はずいぶんと幅があるのです。ときには、どんな役を演じてもほとんど同一の声で、しかも見事にそれぞれの役柄を演じ分けてしまう名優もいるのですから。

私の声帯の音域はどちらかといえば、まあ、広い方かもしれません。それは多様な役々を仕分ける上からはたしかに有利な条件とは申せましょう。それがどれだけ、それこそ「役」

にたったかは言うまでもありますまい。

　余談めきますが、先般広島で、こんなことがありました。長年懇意の耳鼻咽喉科の先生が、頼みもしないのに私の声帯を覗きゲラゲラ笑い出しました、「赤ひげのあの声がどんな声帯かと思ったら、こりゃあまるで子ども並の小ささだ」。そういえば、大阪道頓堀でみていただいた先生にも同じようなことを言われました。「この間みた平幹二郎の声帯は横綱。あんたのは幕下並みだ」と。そうなのです。正直、いまだ「声」と格闘が続いていることを告白します。そのほとんどが呼吸との闘いであることも強調しておかなければなりません。たとえそれが和らかな声の場合でも、です。

　つくづくと思うのですが、どんな役柄でも、呼吸の基盤のうえにその役々の本質、私どもの世界の言葉で表現するなら「性根」が求められる気がします。性根はいわば臍のような存在で、すべてがそこから派生し「声の質感」ということも例外ではなく、書き物（新作）といえども、いや、であればこそなおさら、役の真実感、リアリティーが求められます。そしてそれは、私自身の意識のなかでは、まごうことなく性根と深く結びついているのです。

なぜ、このせりふが苦しいか

ずいぶん前の話ですが、次の舞台の頭合《あたまあ》わせ（かつらをつくる）の折、中村梅之助さんと鏡台が隣りあわせになったときのこと。いつもの何げない会話のなか、突然、梅之助さんが言いました。「いままでの舞台でいちばん苦しかったせりふは何だろうね」。

そのとき私は、おそらく『勧進帳』の山伏問答のおしまい部分か、延年の舞を踊っている途中で弁慶がその一節を口にする「〽これなる山伏の、落ちて巌に響くこそ」かなと思っていると、意外にもそれは『毛抜』の弾正のせりふでした。

物語も後半、お姫様錦の前の髪の毛が逆立つという奇病の原因をつきとめた主人公の弾正が、磁石を使って操っていた忍びの者を槍で天井から突き落とし、抑え込んでのせりふです。

これには納得できるところがありました。というのは私の初役初演時、そこでの苦しさときたら、もう、その苦しみがお客様にわからないように演じるので精いっぱいでしたから。意外だったというのは、梅之助さんの弾正を観ていたかぎりではそうはみえなかったからで、河原崎長十郎さんのときもそうでした。「へえー、梅之助さんもそうだったんですか。じつは」といったしだいで、話は弾んだのでしたが、そのせりふ、私が台本に記入したそのままを披歴すると——

粂寺弾正　何とご覧なされたか／、姫君の病のもと／。最前毛抜小刀のおのれと立つは、合点行かぬと心をつけてみるところに／、只今姫君の櫛笄をみれば／、悉く鉄の薄金を以って彫りあげたる蝶―花―形／。察するところ／、姫君の御座《ござ》る方へ、此奴《こやつ》が天井にて磁―石―を―かざし／、まった、鉄の銑屑《せんくず》を蠟に交ぜ、油となしてこれを用い／、磁石を以って吸い上げまするとにらんだ故／、一槍にてつき落としたれば、案に違わず磁―石―の―か―ら―く―り／。おのれ何者に頼まれた真っすぐにぬかせ／、命ばかりは助けて―く―りょ―う。

（「／」は息を吸うところ。読点は本来、せりふをゆっくり言えば息継ぎするところですが、「／」のないところはそのまま息継ぎなしで続けます。「―」はせりふをのばすところ。なお、台本には他に何カ所かイントネーションを示す印も付しています）

このせりふがなぜ苦しいか、読みとっていただけたでしょうか。

つまり、己の声の限界――呼吸と音の響きの強さとの闘い――との挑戦をみずからに強いているゆえ、とでも言っておきましょうか。この点で、梅之助さんと意見が一致しました。もっとも、私にとっていちばん辛かったせりふはこれではなく、真山青果先生の『元禄忠臣蔵――御浜御殿綱豊卿』のせりふ。ここではこれ以上触れませんが、「言葉の格闘技」と言いたいくらいの芝居で、精も根も限りを尽くして、舞台を勤めておりました。

荒唐無稽な、古劇ならではの筋運び

話を進め、一気に幕切れまでいきます。忍びの者は弾正のこのせりふを受けて——

忍びの者　何がさて、命さへお助けくだされうなれば申さいで何といたしませう。その頼んだ人は

ト玄蕃の方へ向くと、玄蕃に斬られてしまいます。

弾正　ハテ、よい手廻しでござるのう。短冊は出る、家はおさまる、姫君の御病気は平癒する。こなたはおまめにジッとしてござる。こんな目出度い事はござらぬ。その目出度いついでに私が、姫君のおん供仕り、立帰りたう存じまする。

春風　如何にも、明日になったれば礼儀を改め目出度う輿《こし》を入れるでござろう。この一腰は小野の家の重器《ちようき》、これを豊秀どのへ聟引き出物につかわす。よろしゅう御披露をたのみ申す。玄蕃取次ぎめされ。

ト差し出す。玄蕃受取り、鐺《こじり》を以って弾正へ出し

玄蕃　どうやらこうやら御祝言がすんで——恐悦に存じまする。

弾正　お志の引き出物、確かに受取りましてござりまする。此の上は主人豊秀より、しゅうと君へ、たのみの祝儀を差し上げとうございます。

春風　たのみの祝儀は、

弾正　たのみの祝儀は、

柄に手をかけ、刀を抜き

弾正　こうでござる。

ト玄蕃を一刀に斬り、刀をおさめて

弾正　主人豊秀がたのみの祝儀、お家の病ひの根をたち差し上げました。

春風・民部　たしかに申し受けました。

弾正　お目出度う存じまする。

ト一同に礼をなして、花道のツケ際に行きて見得。鳴物片シャギリ（決まりものの音曲）。柝《き》の頭《かしら》。件《くだん》の刀を肩にする。よろしく幕引きつける。幕外にて――

どうです、この簡潔さ。快適このうえなし。浄瑠璃を使わずに展開する、荒唐無稽な古劇ならではの筋運びです。なんせ玄蕃が斬られた瞬間、身体は消し幕（『鳴神』項参照）で隠され、差し金（黒塗りの細い棒）につけられた首が宙に浮くわけですから……。

色香と愛嬌に満ちた奇抜な古劇――『毛抜』(後編)

「劇とは何ぞや」

『毛抜』について、二代目左団次の盟友、小山内薫はこんな評論を残しています(抜粋)。

『毛抜』は奇抜な趣向のある作品だ。悪家老が磁石を天井に隠して、姫の髪を吸い上げるという趣向も奇抜なら、弾正が毛抜を立つのを見て、それに気づいて槍で天井を突くのも奇抜である。

『毛抜』の価値は、総てが「奇抜の永遠性」から成り立っているところにある。羨ましいのは、昔の人の、何物にも拘束されない、そうした自由な空想である。永遠のノンセンスであり、主観と客観の混合である。「劇とは何ぞや」の根本的問いに答えを与えるものが、あるいはこの劇にあるのかもしれない。

(一九二二年＝大正一一年。『演芸画報』七月号)

イプセンをはじめ、西欧近代劇に代表される、リアリズムの何たるかを知り尽くしている小山内が、そうした演劇の対極に位置するはずのナンセンスドラマを、「劇とは何ぞや」という、根本的問いに答えを与えるものがあると言い切っているのです。イヤー、小山内先生、あなたはじつに凄いお方なんですね！　近代劇運動、やがては築地小劇場につながる「新・劇運動」一辺倒の方と思いきや、歌舞伎への驚くべき造詣の深さもふくめ、そんなレベルにおさまらぬ知性と実践感覚をあわせもった、それはまさに巨人としか言いようのない存在。知れば知るほど、その思いを深くします。

復活上演と二代目左団次を支えた人々

『毛抜』の復活上演は一九〇九年（明治四二）九月、明治座（翌年、『鳴神』も復活上演される）。

ここでやはり触れておかなければならないのは、二代目左団次の仕事です。

『鳴神』との重複はさけますが、ひとつだけ確認しておきたい違いがあります。『鳴神』の断絶期間は六〇年ですが、『毛抜』は九七年間なのです。この違いは何かというと、『鳴神』は八代目団十郎が上演しており、『毛抜』は、その八代目は演っていないからで、『毛抜』においては、七代目団十郎上演以来の九七年間となるわけです。

八代目団十郎は、格別な美貌のうえに天才的な芸質をもっていたと伝えられている人です。

ところが『鳴神』上演中、舞台でにわかに悶絶して休演、さらには三二歳の若さで、なぜか謎の自死をしてしまうのです。九代目団十郎は八代目の弟ですが、『鳴神』『毛抜』を上演しなかったのは、ひょっとしてそのあたりの事情も絡んでいたのかもしれません。『毛抜』を七代目団十郎が上演した最終年月は文化九年（一八一二）六月の市村座。

さて『毛抜』についての上演事情を、左団次は簡潔にこう記しています（一九一〇年＝明治四三年。『演芸画報』）。

不図《ふと》した書見の折、何かの本で毛抜の概要を通読した事があり、其の筋が面白い狂言だと感じましたので、何時《いつか》は充分の研究と工夫を凝《こら》して練ったうえ、一度は上場して見たいと云う感念は始終もって居たのでした。元来こんな咄嗟《とっさ》の場合ではなしに。

御存知の通り仁左衛門さんの状況が、急に見合《みあわせ》になり彼れ是れ選択の末、毛抜が能《よか》ろうと云うので、上場する搬《はこび》になりました。

いざ上場することになってみますと、如何《いか》な古老も御存知ない。自身で研究するより外に途がない難物なのです。独断でするのも不気味で堪《たま》りませんから、斯《その》道に精通して居られる諸君を招待して、一夕《いっせき》皆さんの御意見を伺って参考としました。

前にも申す通り咄嗟の間の工夫なのですから、云はゞ未成品で角々《かどかど》で極《きま》る見得《みえ》なぞは、日毎《ひごと》に研究して改めると云うように勤めております。

「咄嗟の間の工夫」であれだけの芝居に仕立ててしまうのですから開いた口がふさがりません。しかし左団次のすばらしいのは、そうした芝居創りの裏にブレーンの存在、つまりは集団の叡智を結集している所にあり、それは日ごろの心がけの賜物といえましょう。

そうした積み重ねのなかから、よく知られているように、左団次への作品提供を目的とした研究会「七草会《ななくさ》」が生まれます（一九二一年＝大正一〇年一〇月発足）。そのメンバーがまたすごい。小山内薫・岡鬼太郎・永井荷風・岡本綺堂・山崎紫紅・吉井勇・池田大伍・松居松葉（のち松翁）ら八名の作家・脚本家を会員とし、川尻清潭・木村錦花らが幹事役をつとめました。この席には左団次一座に身を置いていた河原崎長十郎もたびたび出席していたようです。

『毛抜』の復活はこの集まりが発足する前でしたが、脚本の補筆と実際的な演出を担ったのは岡鬼太郎さんで、以前から岡さんに上演を勧められていたと左団次は語っています。

衣裳（デザイン）は大胆奇抜で、碁盤模様の裃など思わず唸ってしまうほど斬新です。すべては日本画家で歌舞伎絵師の四世鳥居清忠が、じかに左団次よりの要請を受けています。左団次いわく「一切の御指図を願うことにして、責任を逃れてしまいました」。

「生締」一つ、一週間

かくして、『毛抜』復活上演がなされたわけですが、私はこの舞台をどう受けとめ、みずからの役創りに反映していったかを、できる限りわかりやすく述べていきたいと思います。それを語る前に、歌舞伎という総合芸術を支える職人技の一端を知っていただきたく、ここでちょっと、床山の仕事にこだわってみたい。「生締《なまじめ》」という特別なかつらづくりです。

歌舞伎の世界で町人の髷《まげ》はほとんど油——蠟を固くしたもので太白《たいはく》といっています——を使いませんが、武士の髷は幕内用語で「油付き」と総称されているように、一定量の油を使ってかっちりと結い上げられています。そして『毛抜』の弾正のように、時代物のスーパーヒーローの場合には、さらに髱《たぼ》部・髷部に油を塗りこんで、様式的に美しく仕上げた特別なかつらを使用、それが「生締」です。

いま「さらに油を塗りこむ」と簡単に言いましたが、じつはその作業はまことに大変で、たった一つのかつらなのに、完成させるまで何と一週間あまりの時間が必要とされるのです。

以前、私どもがとても信頼している床山の谷川秀雄さんの作業現場を拝見したことがあります。油を使って電熱でトロトロに溶かしてすばやく——すぐ固くなるので——竹ベラで、少しずつ少しずつ油を塗りこみ、研ぎだしてゆく。見ていたのはたった七〜八分でしたが、その繊細な作業に思わず見とれてしまったものでした。

彼は私どもの時代を支えてくれた、大変な技術をもつ床山です。師匠の宮尾金春さんも前進座先代たちの舞台を支え、その歴史をともに歩んだ、名人級の女方専門の床山でした。

歌舞伎の世界はいまもそうですが、立役と女方、それぞれ専門職が分かれており、修業の過程もまったく異なるのです。しかし、宮尾さんは、ほぼ独学で立役も学びとって、劇団の舞台をどれだけ支えてくださったか、はかりしれないものがあります。そしてわが谷川さんも、見事に同じ道を歩んでくれました。感謝のほかはないのです。

じつは今回、あらためて「生締」を完成させるまでの詳しい作業工程を谷川さんに訊きました。恥かしながら、一週間もかかるとはこのとき初めて知ったのです。その気の遠くなるような作業が終了するときには、自分の顔が映るほどに、艶と光沢に輝くばかりの「生締」となって、つまりは私の頭にもそれは載せられてお客様の目も楽しませてくれるのです。このような職人魂に支えられての日々の舞台、肝に銘ずべし、です。

「毛抜」って?

衣裳、かつらの次は、当然小道具ですが、この芝居では「毛抜」がタイトルになっているほど、他作品とは比べられぬ、重要な役割を担っているわけです。

毛抜。みなさんもよくご存じの、あの毛抜です。長さはせいぜい七センチ前後。江戸時代、とりわけ町人文化が全盛を迎えた元禄期、伊達男のおしゃれ必需品だったようです。つまり髭を根元から抜いて常にツルツルにしていた男こそもてたとか。ずいぶん痛かったでしょうに、まあ、ご苦労なことではありました。

いずれにしても、弾正が懐から毛抜を出して髭を抜きはじめる所作は、現代、こんな風習はどこにも残っていないにもかかわらず、客席は、弾正が懐から出すと見せかけた毛抜を、後ろに控えた黒衣に身を包んだ後見からすばやく受けとって、しかも大きさが「六寸五分」、実寸の三倍、二〇センチほどに拡大された毛抜の嘘を知りながら、さほどの絵空事と思わずに受け入れて、楽しく演じている役者（私）とともに、おおらかに楽しんでくださるのです。

その毛抜を右脇において、ゆっくりとお茶を二服ばかり口にしたとき、突如その毛抜が踊り出す。しかもこのとき、後見《こうけん》が差し金につけて出す毛抜は、さらに拡大されて「一尺三寸」、四〇センチほどの大きさとなっています。そうした奇抜で滑稽な、いわば喜劇が古劇としての時代狂言の

なかで展開されるわけですから、これはやはり空前絶後の演劇といえましょう。

踊る毛抜と五つの見得

ここから粂寺弾正の推理がはじまるのですが、毛抜をめぐっての思案を、ここでは五つの見得で表現します。その段取りのよさ、視覚的おもしろさにはホトホト感じ入ってしまいます。型の伝承は皆無だったわけですから、すべてが二代目左団次の工夫によるもので、それを活字で再現するのは至難ですが、かいつまんで——

●第一の見得。
弾正、立ち上がった毛抜をぐっと見据えると、太刀を取り、縦に鐺《こじり》をトンと突いて、右足を踏み出し、握りこぶしにした右手を大きく胸の前にもってきて、正面で第一の見得。

●第二の見得。
毛抜を扇で押さえ、また離すとふたたび毛抜は立ち上がる。後ろに跳びすさると、左膝を前に立て、扇を左手に持ち替えて膝の上に立てて、右手を添えて第二の見得。

●第三の見得。
今度は莨盆《たばこぼん》の煙管《きせる》を手にして、膝前に置く。両足を大きく蹴り上げて腹ばいとなり、左右の手を頬づえにして、なんの反応も示さぬ銀製の煙管を眼の前にして、第三の見得。

●第四の見得。

次に小刀の柄に仕込んである小柄《こづか》を抜いて身体の左側（上手）に置く。このときまた、実寸よりはるかに拡大された小柄が立って下手の毛抜と同時に踊り出す。弾正、煙管を膝の前で立てて、両手を上から添えて第四の見得。

●第五の見得。

「ハァーテー」と言って弾正は後ろ向きとなり、トントンと両足を踏んで尻ギバ（両手を胸の前で交叉させ、跳んで両足を前方にピンと突き出し、そのままの姿勢でお尻を着く技）、右手、左手と後につきながら「合点のゆかぬ」といいつつ、首を右、左、下、上、すなわち天井を見上げての第五の見得。

芝居のおもしろさが集約された『毛抜』の真髄というべき場面です。それにしても、おしまい五つ目の見得の前「ハァーテー」まではすべてが無言、つまり弾正役者の「腹＝肚」での芸が求められるまさに正念場です。

じつはこの「無言のまま」というのは左団次独自の工夫で、残された初演台本では、この五つの見得の間に謎解きのせりふが記されていました。いまでも役者さんによっては、そのように演られる方もいます。でもここの「無言のまま」はどうしようもなく素敵なのです。

二つの色香、こぼれる愛嬌

ここをしっかり記さねば、『毛抜』のおもしろさの全容を語ったことにはなりません。五つの見得に入る前、いわば休息タイムに、ちょっと一服している弾正が放つ、快男子の色香と愛嬌についてです。

まず莨盆をもってくるのが、小姓の秀太郎。若くて初々しい白塗りの美少年です。秀太郎を一目みて弾正の下心が——男色です——動き出します。馬の稽古にかこつけて、弾正は秀太郎の両手をにぎって後ろから頰を寄せつけていきますと——

秀太郎　エエ、自堕落なことなされまするな。

　ト突きのけて上手に入る。

弾正　ハテ堅い若衆かな。近頃面目次第もございませぬ。

　ト見物に辞儀をする。

弾正の客席に向かってのこの語りかけは、いえば突拍子もない演出で、元禄期の歌舞伎でもほかに例をみません。まことに洒落ていて愛嬌このうえなし、なのであります。
そして二人目。腰元の巻絹《まきぎぬ》がお茶を運んできます。ここは短いので、会話の妙をお楽しみいただきたい。単刀直入、手練手管いっさいなしの、弾正の助平心まる出しの顛末。

巻絹　弾正様、さぞ御退屈でございましょう。お姫様の御手前で、薄うお立てなされた一服、お上がりなされませせと、お姫様からの御口上でござります。
弾正（例の毛抜の手を止めて聞きつつ、それを右脇において）これは扨てお心のつかれた、ありがたいことでござる。（ト横目を流しながら）お姫様の御茶もさぞかしでございましょうが、（ト出されたお茶を膝横にどけて）先ず差し当ってそこもとのお茶を、（ト巻絹の袖を手に取り）うすーう一服、たべたいでーす。（トとった袖を首に廻して体を寄せ）何と男は、まだ初昔か、初むーかーしーか。
巻絹　エヽ、たしなましゃんせ。堅い顔して、わしゃそんな事、しらぬわいなァ。
ト突きのけて奥に入る
弾正　てんとこれで、二杯ふられた。さらば一服たべょうか。
ここで出されたお茶を二服ばかり口にしたところで、さきほどの毛抜が踊り出すシチュエーションへとつながっていくのですが、ここでの弾正の「てんとこれで、二杯ふられた」は、こせこせとつぶやいては駄目で、あくまで大らかに、明るくすっとぼけて言わなくてはなりません。愛嬌がにじみ出るところです。

こうして綴ってきて、いま瞼から離れないのはやはり河原崎長十郎さんの弾正です。愛嬌といい、色香といい、大きさといい、まことに申し分ありませんでした。

河原崎長十郎さんのこと

ここで長十郎さんのことについて少しふれておきましょう。

河原崎家は江戸時代から代々続く「河原崎座」の座元でした。名門です。その血を受けた長十郎さんが演劇変革に情熱を燃やす左団次一座に加わったのは弱冠一六歳。左団次一座のソビエト公演に参加するなど見聞を広めていきました。そのなかで当時最高級のインテリゲンチャ（文士や演劇人）との知己を得ることになるのです。前述の、豪華な「七草会」メンバーに加えて、久保田万太郎・真山青果・山田耕筰・土方与志・伊藤憙朔・村山知義・吉田謙吉・池谷信三郎・船橋聖一・今日出海・久保栄・杉本良吉・小野宮吉……。

ところで、明治と昭和の狭間にあって、大正期の演劇状況はなんとも見えにくく、イメージがつかめないのですが、じつは小山内薫は「混沌の時代」と表現していました。それだけ多様に、さまざまな演劇ジャンルが入り乱れ、あるいは出口を求めて蠢いていた、まことにエネルギッシュな時代だったようにも思われるのです。

その点で驚かされるのは、想像を超えるスケールでの、この時代の文士と演劇人の一体化です。いま挙げた長十郎人脈でも、村山知義以下の人々は、長十郎が二三歳のときに「心座《こころざ》」という新劇志向の劇団を立ち上げたときの、いわば同志ですが、そのことを実証しているのではないでしょうか。いずれにせよ、そうしたなかでこそ、長十郎自身の社会的視野の広がりや、ときに思想の深化も育まれていったのでありましょう。

長十郎さんはやがて、中村翫右衛門をはじめとする、歌舞伎座の三階（大部屋）を根城として身を削るように変革への努力を重ねていた人々と志を同じくして、前進座結成への道を進みます（ちなみに、劇団名の名付け親は村山知義、前進座バッジのデザインは伊藤憙朔、北原白秋作詞による座歌の作曲は山田耕筰）。

前進座は歌舞伎界の、下積みのみで結成されたと思われがちですが、以上みてきたとおり、長十郎の歩んだ軌跡はまったくちがっていて、まるごと同じ土俵にいたわけではありません。

岡鬼太郎演出の原点にたちもどる

前進座が初めて『毛抜』を上演するのは一九三八年（昭和一三）です（その前年に『鳴神』

を上演)。このとき、大きな役割を果たされたのが、演劇評論で名をはせていた岡鬼太郎先生でした。岡先生は二代目左団次の復活上演にあたり、脚本の補綴と実際的な演出も担っていて、誰よりも「左団次の『毛抜』」を知り抜いている人です。

左団次一座にいた長十郎さんとの縁も大きかったでしょう。歩みはじめた前進座を大変かわいがってくださったことは、連日稽古に立ち会ったことをみてもわかります。左団次の芸を間近く眼にしていた長十郎さんに、岡鬼太郎先生が加わればまさに「鬼」に金棒、完璧に近い正統なる『毛抜』の継承だったに違いありません。

私の弾正初役のときは(一九九五年、大阪中座)、先輩(中村梅之助さん)をなぞるのが精いっぱいでした。二〇〇七年(平成一九)五月、東京・国立劇場での再演に取り組んだときに初めて、左団次→長十郎と伝承された、その原点をしっかりたどってみたいとの思いから、私は演出を元・前進座(長く文芸演出部に在籍)の小池章太郎さんに要請しました。

小池さんは前進座を離れたあと、ついこの間まで大学の教授職にありましたが、ご本人は大学はおろか、高校もゆえあって中退、独学で演劇研究をきわめた方です。いわば前進座が「現場大学」。長いこと長十郎さんの「文芸助手」的な役割も果たされていましたから、長十郎さんから直接見聞きした諸学は、ひょっとして宝物に近きものもあったかもしれません。

それにしても歌舞伎の、例えば「下座音楽」(一言で記すなら「伴奏音楽」)の使われ方など、個々、演目別に掌握している正確さには驚かされます。歌舞伎の研究者には必携の書といわれる彼の著作『考証江戸歌舞伎』（一九七九年）は、古川柳研究からの気の遠くなるような実証、考察をやってのけた膨大緻密な学術書です。劇作家宇野信夫は「歌舞伎を愛する人の手引き草」と激賞していますが、なんと小池さんがこの高著をものにしたのはまだ劇団在籍時で、いったいどこからそんな時間を蹴出していたのか、まったく頭が下がります。

稽古でのポイントは、一巡の公演が終わったあとでしたが、小池さんから小生宛てにいただいた書簡に要領よくまとめられていますので、ほんの少し拝借します（全文は拙著『今朝の露に――私の芝居旅』新日本出版社、二〇一二年所収）。

前進座が河原崎長十郎主演で、昭和十二年（鳴神）、翌十三年（毛抜）にそれぞれ衣鉢継承するときも、岡先生が稽古場に出向かれ、演出・教導されたこと。そうした経緯を考えれば、やはりこのたびの再出発の歌舞伎十八番の二演目は、もう一度、岡鬼太郎演出に立ちもどるべきであろうこと。小生の演出などとはおこがましき沙汰、せいぜい演出補に過ぎぬこと、等々を座の稽古場で確認しあったのが、遠い昔のような、またつい昨日のできごとのような気がします。

と申すのも、ご承知のごとく「立ちもどる」ことがいかに難事であったか、その困難の詳細は、あなたが身をもって乗りこえられたので言うを俟ちません。

と述べられ、歌舞伎をこよなく愛されて大変な見巧者《みごうしゃ》であった小池さんのお父上は、「左団次は闊達さにおいて優れ、長十郎は愛嬌において優れている」「違うのはセリフ回し」と語っていた由です。そのうえでちょっと気恥しいのですが、こう付け加えてくれました。なお、文中にあるデクラメイションはふつう「朗誦術」と訳されますが、わたしは「必要かつ最大限の効果的拡大表現」として理解しています。

あなたはご自身で独自の芸境を得られ（『子午線の祀り』知盛、『江戸城総攻』慶喜など）、セリフに関しては左団次寄りで、当代であなたほどデクラメイションの巧みな優は稀有と申せます。それはセリフの名人であった先輩中村翫右衛門さんから学びとった技術なのでしょうか。

さて「もう一度、岡鬼太郎演出に立ちもどる」と言っても、雲をつかむような話なのですが、しかし長十郎弾正は、かなり正確に私の目にも残っています。そのうえで、小池さんご自身の研究の蓄積、およびその信頼するに足るたしかな鑑識眼の助けを借りて、再演に向けての稽古場は非常に稔りあるものになりました。

私は、初演時では知らず知らずに世話（写実）に流れてしまっていた個所の修正にかなりの神経を使いました。それには徹底的に長十郎弾正に迫ってみることがとても大切だったのです。日々の稽古は、その「自分化」につきたといえましょうか。

なんばの歩きで気分よく

そうしたなかでいちばん私が力を注いだのは、歩きの基本「なんば」に身体を使うことでした。右肩と右足を同時に出す歩き方です。もともと農耕民族の日本人、「なんば」歩きはごく自然に身についていたといわれますが、いまの私たちにはまったく馴染みがありません。

しかしこの「なんば」——芸の領域でくると「丹前」と呼ばれる歩く芸——に取り組んだことで、私の体がはっきり納得したのは、弾正の花道での引っ込みです。引き出物の大太刀を差して、荒事ならではの三本差しとなり、鷹揚に、おおらかに、揚幕に向かって歩を進めます。このとき「なんば」で歩きますと、なんとも身体が自然についてくるのです。いい気分でした。『毛抜』という芝居での、この「いい気分」はとても大切な要件なのです。

私は稽古場でのこうした積み重ねのなかで、五月国立劇場公演パンフレット（二〇〇七年）のインタビューで、こんな意欲を口にしています。

豪放磊落ななかでの愛嬌や洒落っ気。でもこれらは「かたち」であらわすものじゃない。「空気」です。よく「色気のある役者」といいますが、それもふくめて目には見えない、空気のひろがりのように匂ってくるものなんでしょうね。五月の国立劇場では、この季節にふさわしく、春風駘蕩、そんな舞台をお見せできたら、と思います。

身に余る大役

さて、幕外花道の弾正の動きは、演っていても嬉しくなるほど楽しいのですが、ここまできたら、それをこまごまと語るのは野暮というものです。

ただ、ここでまたまた弾正は、愛嬌と洒落っ気たっぷりのせりふを客席へ投げかけます。それを受けて客席もまた、大向こう——ちなみに私の屋号は「豊島屋《てしまや》」——の声とともに、笑いと拍手のなかを、弾正役者はどなたもが、気分よく揚幕へと向かうのでありましょう。

そのせりふを、私はこの稿の締め括りに拝借して、筆を擱《お》くこととといたしましょう。

弾正　身に余る大役、どうやら勤まりましてございます。どりゃ、お開きといたしましょう。

III

五木寛之作『蓮如——この深き淵より』

私は二〇〇〇年六月、龍谷大学顕真館公開講演会で「蓮如役者の〈歎異抄〉」と題し、朗読と講演を行ないました。その前年、東京築地本願寺の依頼で『歎異抄』を朗読しており、それが直接のきっかけとなって、この公開講座が実現したのです。そのようすは、龍谷大学宗教部発行のパンフレット「りゅうこくブックス99特別号」で詳しく紹介されました。ここでは朗読を中心とする前半はごく手短にし、後半の蓮如について語りを再現します。講演のつねで自由に話題が広がっていて、こういうかたちだからこそ表現できることもあります。大きく手を入れたものの、できるだけその雰囲気を生かすべく整えました。

「蓮如さん」を演じて

初めて『歎異抄』に接する

私が最初に『歎異抄』に出会ったのはもう三〇年も前、吉川英治先生の『親鸞』で、若き日の親鸞聖人を演じさせていただいたときです（一九七一年）。範宴《はんねん》というお名前のもと、比叡山で修行していた青年僧の時代です。

じつはこの舞台、初演時は名優・中村翫右衛門が青春時代から入寂《にゅうじゃく》まで、前後編を一人でやっていました。しかし再演時には体調を崩されていて、若い時代は代わりの者がやるらしい、ということだったんですが、そうしましたら……。地方の巡演に出ていたとき、舞台の幕間《まくあい》に楽屋に戻る途中、配役発表の掲示が目に入りました。なんと「範宴（若き日の親鸞）嵐圭史」と出ていたんです。

それまで私は劇団で下働きが長く、ようやく役が廻ってきはじめたころで、入座一二年目でしたが、主役を演じたことはありません。代役とはいえ初めていただいた主役、しかもそれが親鸞聖人のお役なのですから興奮し、真夜中、巡演先の街をただただ、ほっつき廻っていたんです。いま思うと、なんとも初々しくて……。

いざ稽古にかかってみると、やはり大変でした。ただ救われたのは、若き日の親鸞聖人役だということです。比叡山でいかに修行を重ねても悩みと苦しみが解決されず、ついに山をおりて、京の六角堂に九十数日間にわたって籠り、やがて「法然聖人のもとへ行け」という夢告を得る。これはみなさん、よくご存じのところですね。

性と愛に悶え苦しみつつ、真実の愛を勝ちとっていく姿、これは若い私自身の感性にもピタッときましたし、大変わかりやすかった。また越後に流されるときに宣言されますね、「僧にあらず、俗にあらず、愚禿《ぐとく》、親鸞」と。素敵です。私は心底、惚れ込んでしまったのでした。

稽古も、もはや初日が目前というとき、「できないできない、困った、困った」と追いつめられていました。そんなときに私を救ってくださったのが「在るがままの姿」というお言葉、「そんなに無理をすることはない。在るがままの姿でやりゃいいんだよ」というお声が、どこからか聞こえたような気がしたんです。そうしたら、何なんでしょうね、よけいな気負いが消え、とても気が楽になったという、ありがたい経験があります。

ともあれ、このときに初めて出会った『歎異抄』からは、いろいろと刺激を受けました。その言葉の衝撃度といいますか、それはもう、びっくりするほど強烈で新鮮、「凄いお言葉だなあ」と、いまでも鮮やかに頭に残っております。たとえば――

たとひ法然聖人にすかされまゐらせて、念仏して地獄におちたりとも、さらに後悔すべからず候ふ。（第二条）

いずれの行もおよびがたき身なれば、とても地獄は一定すみかぞかし。（同）

「たとえ法然聖人にあざむかれて、念仏して地獄に堕ちる結果になっても、決して後悔しない」というわけです。そして「いずれの行にも耐えられない身なのだから、もともと地獄こそが定まれるすみかなのだ」、だから悔いはないと。念仏への信心をここまで強く言い切る凄さというか、とても印象に残る言葉でした。

そして超有名なあの一句。

善人なほもて往生をとぐ、いはんや悪人をや。（第三条）

これはもう、びっくりとしか言いようがありませんでしたね。

親鸞は父母の孝養《きょうよう》のためとて、一返にても念仏申したることいまだ候はず。（第五条）
親鸞は弟子一人ももたず候ふ。（第六条）

こんなことをおっしゃってしまっていいのかしら、と思うほど強烈です。精神の気高さというものをしみじみ感じさせられました。

［当日の講演はこのあと『歎異抄』朗読に進み、龍谷大学パンフレットにはその全文が掲載されていますが、ここでは略します］

朗読するということ

ただいま、『歎異抄』を声にして読ませていただき、つまり音声化したときに、目で読んだときよりも、はるかに語感の美しさと品格が感じられることをあらためて実感しております。

朗読は聞かすというよりは、自分自身にどう感じとるか、ということがとても重要なんですね。己の心に引きつける力が強ければ強いほど、深ければ深いほど、聴いているみなさまへの思いも深く広がっていく。そしてまた、その時々の己れの気持ちのありようによって表現も違ってきますし、そのつど生きているということも強く感じます。

『平家物語』と浄土思想

じつは私、六年ほど前から手をつけていた『平家物語』全巻朗読の収録を、六年かけて、先日ようよう最終回まで読み終えました。これから手直し等あとの仕上げにかかり、新世紀の入口である来年（二〇〇一年）九月に、新潮社からＣＤとなって発売される予定です。

その『平家物語』について、本日のテーマに関わってちょっと触れておきたいことがあります。あの長大な物語を貫く人生観、仏教観というのは天台、高野信仰等の流れから、神話に代表される祖先神や自然神、といった民族信仰にいたるまで、じつに多岐ですが、しかし最終的には浄土思想で括られていくんですね。法然さん自身も物語に登場していますし、熊谷直実が帰依したり……。平重衡《しげひら》が処刑される場面では、念仏とのかかわりが見事に描かれています。聴きやすくするため、私自身の判断で少々原文に手を加えております。

木工允政時《もくのじようまさとき》と申すは、三位《さんみ》の中将重衡の、もと召し使われし侍なり。ただ今すでに斬られんとするところに馳せ着いて参りけり。重衡これを見て、「いかに政時」。政時「さん候」重衡「ただ今最後にてあるぞ。いま一度、仏を拝し奉り、斬らればや」とのたまえば、「やすき御ことにて候」とて、走りまわり、ある古堂より仏を一体、奉り出で来る。幸い阿弥陀にてましましけり。政時、狩衣《かりぎぬ》の左右《さう》の袖のくくりを解きて、仏の御手に掛け奉り、五色の糸と思いて片方を重衡にお持たせ奉る。重衡、仏を拝し奉り「願わくは悪業をひるがえし、安養浄土へ引導し給へ」と、念仏高声《こうじょう》にとなえて、首をのべてぞ斬られける。

『平家物語』はその性格上、男世界が中心なのはやむをえないことですが、ところがどうして、女性もけっこう重要な役割を果たしています。とりわけ私の心を捉えて離さない記述があります。「往生の素懐をとげる」、これ浄土思想そのものですよね。そしてこの言葉をもって救われているのは、なんと女性だけです。祇王《ぎおう》（義王・妓王）、仏御前、千手《せんじゅ》の前、そして建礼門院《けんれいもんいん》。『平家物語』はいわば、「往生に向かっていく人間の物語」で、しかもその大半は数々の武将であり男性です。しかしこの言葉は、男には一人も使われていない。これ、いったいどういうことなんでしょう。当時、女性はもっとも弱い立場にいたわけで、弱い者こそ救われるという、浄土思想の反映と私には思えるのですが……。全巻を読み終わって、強く印象に残っていることのひとつです。

『蓮如』劇を通じて蓮如を知る

さて、『蓮如』劇です。

そもそも私は蓮如上人をよく知らなかった人間です。八五歳の生涯をおくられ、その間に二七人ものお子さんをつくられたことなど、まったく知らなかった。五木寛之さんご自身の著作、たとえば岩波新書『蓮如――聖俗具有の人間像――』などを読み、戯曲『蓮如』を実際に演ずる中で学んでいくことになりました。

五木さんがなぜ、戯曲『蓮如』を書かれたか、ここで少し、私自身の復習をさせていただきましょう。

親鸞聖人についてはあくまで親鸞「聖人」だけれども、蓮如上人はいまだ、彼が生きた室町時代から五百年をへた現在でも、蓮如さんと「さん」づけで呼ばれている。この差はいったい何だろう、というのが関心を深められた一つの動機だったといわれています。

親鸞ファンというのは、知識人といわれる方々の中に圧倒的に多い。いま読んだ『歎異抄』に、「弟子一人ももたず」とありました。弟子は一人もいらない、父母の孝養もしないとおっしゃっていて、本当にびっくりしちゃいますけれども、ストイックなほど強靭で研ぎ澄まされたその哲理、倫理感のもとに、生涯それを貫かれた。まさに巨人ですね。だからこそ、いまなお人々の感性を刺激するんでしょう。

これに対して蓮如さんは、一見親鸞聖人の教えとはだいぶ違うことをやられていた。それゆえに否定的に捉える方もけっこういらっしゃる。実際いま、真宗教団というのは巨大に成長しているわけで、その基盤をつくったのは蓮如さんなのですから。

蓮如さんは北陸に行かれて、越前に吉崎御坊《よしざきごぼう》をつくられ、草鞋《わらじ》の跡が足に染みこんでとれなかったというぐらい、驚異的ともいえる強靭な肉体で布教活動をなさった。そのなかで、一向宗のもとで、中央政権の介入を許さない、いわば独立共和国——門徒領国——をつくりあげ、それはやがて一向一揆へと突き進んでいくわけですが、その間に蓮如は山科に行き、本願寺を造られました。これらの評価をめぐっては、いろいろ論争はあるようですが、私は研究者ではないので、これ以上立ち入りません。

ともあれ今回、蓮如さんを演じさせていただき、そのあたりの捉えかたが、自分なりに整理できたかなとは感じております。それらが、ドラマのテーマとも密接に関わっているということをだんだんと理解できるようになったのです。

裸をさらけ出す

ではこれから、そのドラマの核心を、ときにはせりふなども入れながら、話を進めていきたいと思います。

序幕。とにかく素敵な場です。思わず「素敵」と言ってしまいましたが、いささかはばかりがある。というのは、なにせ私が素っ裸になるシーンなのですから。

初めて台本を読んだとき、「エッ！」とびっくりしました。稽古も積み、そして本番どおりの舞台稽古。裸になるところでは、なんらかのカムフラージュの仕掛けがあるのかと思いきや、そのいっさいがない。芒《すすき》はあるにはありましたけど、ほんの申しわけ程度。私は正直、「これはできないよ」という感じでした。しかし五木さんは断固として、ご自分のイメージの再生を求めてくる。かくして、戯曲の指定どおりに舞台稽古も進みました。

序幕は盲目の琵琶法師と対決するシーンです。若き日の蓮如さん、若いといっても、三〇代の後半になっているわけですけれども、部屋住みの身でなかなか日の目があたらない。青くささも残っている時期ですが、それを見破られて琵琶法師に挑まれます。そんなに偉そうに能書きを言うなら俺と勝負せよと。もしお前がこの琵琶の音に衣を脱ぎ欲情しなかったら俺は撥《ばち》を折る、と言い放って琵琶を奏ではじめる。この不思議な空間のなかで蓮如は、なにかに憑《つ》かれるように衣を脱ぎ捨てていくわけです。

さて初日。よりによって、蓮如上人その人が素っ裸にされちゃうわけですから、ご覧になる方々、とくにご門徒からどんな反応が出てくるのか、じつにスリリングでした。

昼の部は一一時開演。遠方からもバスを連ねて観に来られ、旅の疲れもあるしお腹も空くし、お弁当を食べたりしながら開演を待つ。古くからある日本の伝統的芝居見物のパターンです。あんのじょう幕が開いてもしばらくは客席も賑やか。ところがその場あたりにくると、ざわざわしていた客席がヒタ、ヒタ、ヒタと、まるで潮が引くように静かになっていったんです。水が砂に染みこんでいく、といった感じで見事に静まり返りました。

私自身、いまでも不思議なんですが、このとき、羽織一枚脱ぐのと同じような感覚で、いささかの迷いも躊躇もなく衣を脱ぎ捨てて、ごく自然に、まさに「在るがままの姿」、ありのままの本性をさらけ出していたのです。もちろん後ろ向きではありましたが。

五木寛之という人の筆の凄さをあらためて感じさせられましたね。五木さんの一種独特な大衆性と同時に、豊かな文学性が無理なく整合しています。裸を見せることは、ある意味では究極の俗性ですから、お客さんだって正直に反応しますよ、ときには固唾《かたず》を呑んで。

この裸には、じつは二つのドラマ的仕掛けが巧みに隠されています。ひとつは、蓮如さんそのもののイメージの提示です。五木さんが書かれた『蓮如』は北陸へ旅立つところで終幕を迎えますが、本当の活躍はその後、吉崎以後になるわけで、今回の舞台では描かれません。巨大な教団を育て上げ、「中興の祖」といわれるにいたる旺盛な活動力、しかも生涯二七人のお子さんを作られるというエネルギー、これらは肉体そのものの強靭さに支えられているわけで、それを舞台のっけの裸像で暗示する。

そしていまひとつ。これがより大切なところですが、親鸞聖人の「在るがままの姿」という、その根本的哲理、宗教的真理といいましょうか、そういったきわめて根源的な精神の本質を、裸というかたちで「具象化」した。そしてそれはテーマと関わって、ドラマの最後まで脈々と波うっていくわけで、ドラマ展開といった意味でも見事なスタートでした。

「それは政治家のせりふです」

蓮如はあるとき、庶民の人たちを前に、みずからの生い立ち、みずからの思考を、そして別離していった母への思慕を訥々《とつとつ》と語ります。蓮如、はじめての法話といったところです。とにかく一〇分以上、と思われるほどの長いせりふをしゃべる（一幕第二場）。私ども、何十年も役者をやっていると、性《さが》というべきか、長いせりふのところなど、活字を目にしたとたんに、ある流れを勝手に作ってしまうんですね。「うん、このせりふは強調して」「ここは抑えて低い声で」「あっ、ここはテンポ速く」「ここはゆっくり」等々、自分の感覚で、また多少のテクニックなども使いながら、うねりをこしらえる。いかにあきさせないでお客様に観ていただけるか、というところに気がいくんです。

五木さんは何度も稽古場にお見えになりましたが、このシーンの稽古中、「圭史さん、圭史さん」と呼ばれ、ストップがかかりました。そのときのせりふ——

今の世は、闇だ、地獄だ。

じつは五木さんが戯曲『蓮如』を執筆していた当時、政治的焦点としてクローズアップされていたのは住専（住宅金融専門会社）の問題でした。バブル期の不良債権問題から生じた不正で、いわゆる「天下り」も絡み、政治の汚さを見せつけられました。オウム事件が起きたのもこのころ。さらには阪神淡路大震災という未曽有の大災害が起きている。この三つが重なっていた時期ですから、「今の世は、闇だ、地獄だ」というせりふは、演じている私自身の感情にもぴったりで、ここぞとばかり拳を振り上げ、声高に「今の世は、闇だ、地獄だ！」とやったわけです。そうしたら五木さん「圭史さん、それは政治家のせりふです」。

エーッと思いましたよ。そして五木さんはこうおっしゃる「ぼくの活字を信じてくれ」と。さらに「他力です」。つまり、活字を信じろ、そのままでお客さんに届く、必要以上にがんばるな、ということでしょう。それにしても凄いですよね「オレの活字を信じろ」ですから。

私も「まあいいや。作者がそう言うんだから、私はただ、書かれたせりふをそのまま正確に言うだけだ」と居直って、それでもし、つまらなくてお客さんが眠ったらそれまで。こうなりゃ地獄へ行くのも五木寛之といっしょだと。

私は居直りながらも、一方では言われたことはしっかり胸にとどめて稽古を重ねました。するると、声高に叫ぶがごとく言うよりも、抑えた声で、むしろ自分に言い聞かすように「今の世は、闇だ、地獄だ」と呟くほうが、はるかにインパクトがあって、伝達の強度がまるで違う。たとえ声は小さくとも内に内に、自分の心に強く引きつけて、己れに問い聞かす。そのほうが内容も深まり、芝居としてもよほどおもしろいんですね。くやしいけれど、まさに五木さんのいうとおりで、「他力」という言葉があらためて身に沁みたものでした。

だけど、ちょっと訊きたくもなりますよね。「オレの活字を信じろ」とは、「自力」に満ちた言葉では？　しかし多分、五木さんはちゃんと回答を用意している。おそらくこうおっしゃるでしょう、「いや、自分も書かされているんだ」と。

とにかくにも味わいのある、緊張感に満ちた稽古場でした。

五木さんの肉声

そのシーンではもうひとつ、こんなせりふがあります。

本当に深く悩むためには、強い力がいるのだ。

最初は正直なところ、嫌なせりふだと思いましたよ。いささか押しつけがましい響きで、会話としてもちょっとおかしい。しかし人に聞かせようとするから不自然なので、己の思考の中での問いかけとして捉えるならばこれは言える。だから私は、声が聞こえるか聞こえないか、ぎりぎりのところで呟《つぶや》きました。「本当に深く悩むためには、強い力がいるのだ」。

このあと、「だからいま我らは、冬の枯れ葉のような寂しさを抱いて生きている」というせりふにつながっていきます。文学的というか、逆にじつに味わいのあるせりふだったんですね。実際に幕が開いて客席の反応をみていると、もうそれは信じられぬほど、それこそ耳を皿のようにしてお客様が聴いてくださっていました。五木さんの活字の勝利です。

あのときのオウム事件、おかしな宗教に取り込まれて殺人までやってしまう。一六、七歳から二〇代といったいちばん多感な時期の青年たちのあの犯罪をみると、五木さんの「深く悩むためには、強い力がいるのだ」というせりふがいま、しみじみと胸に突き刺さります。五木さんの肉声にほかなりませんが、それは現代若者へのメッセージでもありました。

「このわしは、ただの一本の筆の穂先」

二幕目にこんな場面があります。蓮如が一所懸命『御文章《ごぶんしょう》』を書いている。親鸞聖人のお言葉をその時代にあった言葉に直して書こうとするけれども、どうしても書けない。書けば書くほど俗っぽくなってしまう。悩み苦しんで蓮如は賀茂の河原を彷徨《ほうこう》します。

あいつぐ天災のもと、賀茂の河原には餓死した人々の死体が累々と続きます。これは歴史的にも事実で、当時はその死体で賀茂川の流れが変わってしまったほど、すさまじかったといわれています。このとき、使用人のトキは、救済に出ようともせず机に向かって文字ばかり書いている蓮如に「こんなときにいったい何なんですか、あなたは」と言い放ち、夫の加助とともに飛び出してしまう。そして賀茂の河原で、餓死した死体を一体一体、手厚く葬るボランティアに加わっていました。そこへさまよい歩く蓮如が通りかかって、いきあってしまう。悩み苦しみ、のたうちまわる蓮如の姿を見てトキは思わず言います。

蓮如さまはまちがっておられます。親鸞さまのなかには法然上人が生きておられる。他力の念仏を信ずる限り、仏さまのほうからいただいた信心の心は、誰もみな同じこと。だったら蓮如さまのなかにも、親鸞さまは生きていらっしゃるはず。同じ他力の信心を仏さまからいただいておられるのですから。だとすれば、蓮如さまが書かれる俗な文章は、親鸞さまが蓮如さまの手をかりて書かれるお聖人さまの俗な文章。蓮如さまが語られる月並みな言葉は蓮如さまの口をかりて語られる親鸞さまのお言葉。そうではございませんか。

思わず言ってしまうわけですが、これは彼女が蓮如から教えられたことでした。

それとも蓮如様はいま、自分だけのちからでその〈おふみ〉を書いていらっしゃるおつもりなのですか？

蓮如の心に、この一言はグサーッと突き刺さる。演じている私自身の胸に深く、激しく突き刺さってきて、あふれる涙を抑えることができませんでした。蓮如は魂を振り絞るように、声を振り絞っていいます。

そうか。そうだったのか！　わしは今の今まで自力の底をどうどうめぐりしていたのか。このわしは、ただの一本の筆の穂先。そう思えばよかったのだ。この蓮如というつたない筆をとおして親鸞さま自身が語られておるのか。いま真の念仏絶えなんとする時、われは二百年前と違う俗な言葉で多くの人々に語るぞと、親鸞さまがおっしゃっておられるのか。

ここはまさに物語のテーマに関わるクライマックス。客席の鼓動、といいましょうか、息を詰めて見てくださっているお客様の胸の心臓の音が、どんどんこちらに跳ね返ってくるような感じがしまして、それがまた演じている私——蓮如——の感情を深く刺激するといった、まことに印象的な場面でありました。

いまあらためて考えてみますと、このドラマは二重の構造になっているんですね。親鸞聖人の宗教的哲理の真実を、蓮如さんは自身の筆を通じて彼にとっての現代社会、つまり室町時代の人々へ訴えかけようとした。そしてその蓮如さんを通じて五木さんは、今度は平成の現代社会に訴えたということでしょう。

蓮如は親鸞聖人の教えを現世に生きる人々へやさしい言葉で伝えようとした。その姿を五木さんは捉えたわけですね。親鸞聖人と蓮如さんを対比的に見るのではなく、親鸞聖人から蓮如さんへとつながっていくひとつのうねり、その奔流の中で見ようとしている。

じつは五木さんは、『蓮如』上演にあたって、私どもの劇団にメッセージを下さっています。そこにはこう記されていました。

大事なことをやさしく、やさしいことを深く、深いことを広く、この三つを心がけて自分はこの戯曲にとりくみたい。

つまり「大事なことをやさしく」説かれたのが法然聖人。さらに「やさしいことを深く」

なさったのは言うまでもなく親鸞聖人。そして「深いことを広く」まさに蓮如さんです。ご自身の執筆テーマと執筆姿勢とを重ねた。素晴らしいメッセージをくださったと、私は心から感謝せずにはいられませんでした。

それであらためて思ったのは、「そうだ、これは私たちが日常的にやっている芝居作りと同じことだ」ということ。この三つ、どれがはずれても芝居は成立しません。どんなに内容的によくても小難しかったり、テーマが裸でむき出しになっているような芝居はおもしろいわけがない。テーマ性を深める上での芸術的な味付けも不可欠です。また芝居をやる以上、大勢の方々に見ていただかないと、つまり広める努力もしていかないと、せっかくの作品も報われず、芝居をする値打ちそのものが下がります。これはまさに、私たちにもドンピシャリ、あてはまることなのです。

ここでちょっと余談です。五木さんと同じようなことをおっしゃった方がいます。井上ひさしさんです。

むずかしいことをやさしく　やさしいことを深く　深いことをゆかいに　ゆかいなことをまじめに

発想の根が同一というか、おもしろいですね。「ゆかいに」とあるのがいかにも井上さんらしいというか……。お嬢さんの井上麻矢さん（「こまつ座」主宰）にお聞きしたんですが、麻矢さんが幼きころから、この言葉は手書したものをクリップでとめて、つねに書斎の机のうえに掛けられていたそうです。

劇団のよさを再認識したエピソード

ところで、お客様を広める努力ということに関して、思い出すエピソードがあります。初演時の裏話なのですが、もうすんだことですから申し上げてしまいましょう。

『蓮如』の初日が開いたのは一九九五年七月一四日、京都・祇園歌舞練場。祇園祭の暑い暑い日のことでした。そのひと月ほど前、これから稽古に入るというほんの三、四日前のこと。たまたま私は用事があって京都に居りました。公演初日一カ月前といいますと、じつは観劇チケットの八〇パーセントは配券されて、あとは前売り分、当日売り分が残されている程度です。そうなっていない興行は間違いなく失敗します。つまり赤字を出してしまう。

そのときいったい何がおこったか。詳しいことは省きますが、三〇〇〇枚ほどのチケットが突然、ドサッと戻されてきたんです。私はもう、真っ青になりました。二、三〇枚ならともかく、三〇〇〇枚！　客席を空席のままにしておくわけにはいきません。稽古入り二、三日前で、出演者はスタンバイしていますから、私は中堅も含む若手出演者全員を京都へ緊急招集しました。そしてチケットを持って、あの暑い京都の街を一ヶ寺一ヶ寺、劇団の若手俳優たちに訪ねさせたのです。

それはじつに涙ぐましい努力でした。いまなぜ『蓮如』か、前進座はどういう姿勢で『蓮如』に取り組んでいるのか、あるいは五木寛之さんと蓮如について説明してまわる。これは文字通り「釈迦に説法」で、いま思うと冷や汗ものですが、とにかくみんなチケットを持って、一所懸命に京都中を歩き廻りました。

これは結果として、稽古入りする前の大変いい勉強になりました。まずみんなの気持ちが引き締まった。蓮如さんの五百遠忌ということもあり、当然東西の教団には大きなご協力をいただいておりましたけれども、それに甘えていては駄目なんだ、あくまで自分たち自身の努力で公演を成功させるのだという強い思いです。

もう一つ。前進座は、歴史の中で偉大な足跡を残し、日本人の精神形成史に多大な影響を与えた人物、あるいは出来事を、それぞれの社会的背景を見据えながら、現代に生きる作品として芸術性豊かに舞台化していく仕事を、とりわけ「歴史劇」の分野で追求してきました。この『蓮如』も他の大宗教家と同じく、その位置づけのもとに取り組まれていました。

若手俳優たちにとって、京都の街にチケットをもって入ることによって、その意味をあらためて捉えなおし、あるいは鍛えられるいいきっかけになったのです。

そうした若者たちの姿勢は、舞台にもはっきり反映されました。私がいまでも嬉しく思うのが、先ほど触れた蓮如さんが初めて法話をする長いシーン。ここには若い人たちが多く出演していて、毎日毎日、総計で三百回近く聞いているわけです。しかし舞台では誰一人、決して気を抜かない。餅売りの女性も、清水《きよみず》の坂の者たちもそうでした。毎回毎回、みんな真剣に聞いてくれて舞台の密度がとても濃くなり、演じている私も非常に救われた。こうしたアンサンブルの強さはうちの劇団（前進座）の誇りであり、しみじみ「劇団っていいなあ」と嬉しさがこみあげてきます。

ちょっとしたいい話

さて、三百回近くも上演しておりますと、さまざまな予期せぬ出来事が起こります。そのなかで、ひとつだけエピソードを紹介します。

あるとき楽屋入りしましたら、五人、見知らぬ方々が私を待っていらっしゃった。何かと思ったら、「お数珠《じゅず》の持ち方が違う、直すべきだ」云々。だけど、これをいわれるととても困る。そもそも蓮如さんのお書きになったものでさえ、『御文章《ごぶんしょう》』と『御文《おふみ》』、東西本願寺さんで呼び方が違うわけですから。どっちをとるかといわれても困ってしまいます。五木さんは絶妙に使い分けておられましたが……。お引きとり願うまで三〇分以上もかかり、メイキャップの時間は少なくなるし、じつに弱りました。

でもこのエピソード、あとになって嬉しいことがありました。ちょっとしたいい話です。というのは、そのとき、中心になっていた老婦人にお嫁さんが付き添っていたんですが、この方はまだ芝居は観ていなかった。それから一週間後、別の会場にそのお嫁さんが観に来て、終演後に楽屋に来てくださり、こう言われたんです。「先日は、出演の前の貴重な時間をあんな形でうかがってしまって、本当にすみませんでした。今日の舞台を拝見して、心から感動しました。お数珠の持ち方なんて、どうでもよろしかったんですね！」と。これは本当に嬉しいエピソードでした。

「あれはたしかに母上の声」

おしまいにどうしてもふれなければならない重要なテーマがあります。蓮如六歳のときに、お寺を出られた生母の話です。出てゆかれるときに、六歳の蓮如の手を自分の胸に押しあてて生母は言います。

わたしを思い出すときには、おねんぶつをとなえなされ。ただしんらんさまについてゆ

　くのじゃ。そして、おねんぶつをひろめなされ。

この生母との別れ、とりわけこの言葉と胸の温もりは、蓮如の心の奥深くにつねに生きており、この芝居のいわば通奏低音となって、最終場面まで引き継がれていきます。

　ただしんらんさまについてゆくのじゃ。そして、おねんぶつをひろめなされ。

そのときのお母さんのやわらかで豊かな乳房の温もりは、母性そのものへのひとつの憧憬であり、この言葉は終生、蓮如の心に響く声として生き続けるわけです。

ちなみにここには、作者である五木さんご自身の想いもまた投影されているでしょう。五木さんは日本の敗戦を朝鮮の平壌で迎えていて、お母上は敗戦後の混乱のなかで不幸な亡くなり方をされたそうです。五木さんの追慕のお気持ちと、蓮如の生母への想いとがダイレクトに重なっているのではないでしょうか。

じつは私も演じながら、もう亡くなって何年にもなる母の姿がフッと浮かぶことがあります。蓮如さんの芝居をしていながら、実体験とよく似たシチュエーションのところでは、そういうことがしばしばあって、さらに自分の心が刺激されるのです。

最終場面は本願寺が焼き打ちにあい、吉崎めざして北陸へ逃れる琵琶湖をバックにした堅田のシーンです。舟に乗り込む直前、立ち止まった蓮如の耳に母の声が響いてきます。

おお、どこからか声が聞こえる。あれはたしかに母上の声――、

私はここが大好きでした。私――蓮如――は、そのドラマ上の生母を想い、ときに五木先生のお母上のことを想い、そしてときには私自身の母のことを想いつつ、戯曲の中で求められている母のイメージを追い求めながら、幕切れを演じておりました。ところが三百近くのステージをこなし、オール千穐楽もすぐそこに迫っていたある日、私ははたと思いあたります。「これは母の声として聴いたとしても、それだけではない。そうだ、もはや阿弥陀さまの声と重なっている……」と。

もうあと何回も残されていないなか、私はそのせりふを阿弥陀さまのイメージに託してやってみました。そうしたら、まことに無理なくドラマの主題と重なり、蓮如の想念としても、また演じる私自身の心にも、じつにすっきりと収まったのでした。ずいぶん、気づくのが遅い役者でございます。

まことに長い時間を要してしまいました。本日はその終幕のせりふをもって、この講座を終えさせていただきたいと思います。

おお、どこからか声がきこえる。あれはたしかに母上の声――。しんらんさまについてゆくのじゃ。そして、おねんぶつをひろめなされ――。母上、布袋丸はあのお言葉を忘れてはおりませぬぞ。これから旅立つ北の国には、念仏を求める幾千、幾万の人々がこの蓮如を待っております。そのかたがたの呼ぶ声に引かれてゆくのです。念仏の声のきこえるところ、どこの空の下にも母上がおられる。その声が聞こえる――そう自分に言いきかせながらまいるのです。

どうもありがとうございました。

Ⅳ

新田次郎原作『怒る富士』

私が前進座を離座したのは二〇一七年四月。前進座での最終公演となったのが新田次郎原作『怒る富士』の全国巡演でした。その公演中に『赤旗』日曜版編集部のインタビューがあり、質問に答えるかたちで私の半生を語っています。（同紙シリーズ「この人に聞きたい」掲載。のち『人生の気品』新日本出版社、二〇一七年、収録）。まずはトータル・インタビューとして、それを掲げましょう（一部、加筆しました）。

そして、既発表のエッセイのなかから、私の役者人生にとって大事な場面に関わるいくつかを抜き出し、ほぼ時間順に並べました。ここには『花の道草』（中央公論社、一九九七年）既収のものが数点あり、そのむね注記しました。また「演劇史的快挙『解脱衣楓累』の上演」は書下ろしです。

なお本章収録の文章の性格上、どうしても重複する部分があり、また補うべきことも多く、整理し直しています。

わが半生を語る――問われるままに

いまも変わらぬ棄民政治を問う

――前進座の看板役者で、八五年の歴史を持つ同座を牽引してきたお一人です。いまは文化庁芸術祭賞に輝いた代表作『怒る富士』（新田次郎作）全国巡演の真っ最中（二〇一六年七月現在）。己の命と引き換えに、被災地農民を救済した「お代官さま」を全身全霊で演じます。舞台は、五代将軍綱吉の時代。圭史さん演じる伊奈半左衛門は、大噴火を起こした富士山麓で飢えに苦しむ農民たちを助け、幕府の無慈悲な政策に立ちはだかります。実話をもとにした物語です。

気象庁職員として富士山頂の測候所建設に関わっていた新田先生が、歴史的には無名だった伊奈半左衛門の存在を知ったのは御殿場（静岡県）の強力《ごうりき》からでした。頂上への行き帰り、荷物を運ぶ強力が、「はんざむ（半左衛門）さん、はんざむさん」と親しみをもって口にするのを聞き逃さなかった。

驚くべきことに、富士山麓の奥深きところに江戸時代からの小さな祠《ほこら》があり、伊奈半左衛門が秘かに祀られてきたんですね。農民のために一命を捧げたればこそ、彼は神となって、三百年近くたっても農民の間で愛情深く語り継がれている……。

半左衛門は、関東郡代という代官の最高職にあった人で、いまでいうトップ官僚でした。新田先生は代官という、本来は農民から収奪することが役目のお役人でありながら、このような人物が江戸時代にいた事実に驚かされます。よくぞ、それをモチーフに小説を書いてくださったことに感謝、その視点のすばらしさをしみじみ感じています。

—初演は一九八〇年。新田氏は劇化に寄せて、「天変地異はわれわれの前に常にある。この劇団なら、政治性と科学性というものの中に生きる人間像をみごとに描いてくれるだろう」と一文を寄せました。

そうなんです。舞台をとても楽しみにしてくださっていたんです。しかし残念ながら、初日を目前に先生は急逝されました。私たちに珠玉のメッセージを残されて……。

「彼は民衆を愛すると共に自分を愛した。彼にとって自分を愛することは、自分の正義を守ることであった」（公演パンフレット）。

先生が、この作品を書かれた動機は、ロッキード事件への義憤だったそうです。政治腐敗に大変お怒りだった。

『怒る富士』では、大噴火で焼け砂に埋まった山麓の村々を、幕府は「亡所《ぼうしょ》」にして農民を切り捨てます。露骨な棄民政治です。しかも全国の大名から集めた復興のための義援金四八万両は政争の具としてあらぬところに使われ、被災地に下りたのは約一六万両。これは江戸時代の記録に残る実際の数字です。東日本大震災でも、復興予算が別の目的に使用されたり、似たようなことがありましたね。

今回の上演は東日本大震災・復興支援五周年企画として始まったわけですが、公演直前に熊本の大震災もあり（熊本地震。二〇一六年四月一四日、一六日）、終わったあとの拍手の厚みが以前とぜんぜん違う。見てくださる方々が現実の日本社会と重ねつつ、より深くこの物語を受けとめてくださっているんですね。

――『怒る富士』は前進座創立八五周年特別公演でもあります。

前進座は一九三一年、当時の歌舞伎界の封建制、徒弟制、因習性に反旗をひるがえした少壮気鋭の役者たちが、外に飛び出してつくった劇団です。

創立当時の規約には、「本劇団はその収入によって座員の生活を保障しつつ、広範な民衆の進歩的要求に適合する演劇の創造に努力する」が目的とあり、さらに驚くのは「全座員によって構成される総会を最高決議機関とする」と、民主的運営の基本理念を高らかに宣言していることです。三一年といえば「満州事変」の起きた年で、その三年前には治安維持法の最高刑が死刑に改悪されました。ファシズムの時代に、よくぞ立ち上げたと感動します。奇跡に近い。言論の自由がほぼ封殺されていた状況下、あきらかにこれは役者だけの力ではなしえないことで、前進座の誕生じたいが社会史的な意味があると思っています。

創立メンバーの河原崎長十郎や中村翫右衛門、河原崎国太郎、そして創立には参加できませんでしたが、女方も二枚目も演じた父・五代目嵐芳三郎らを第一世代とするなら、先般亡くなった中村梅之助さんや兄（六代目嵐芳三郎）、いまもお元気ないまむらいづみさん、村田吉次郎さんとともに私は第二世代。その末っ子です。もはやごくごく少数の生き残りの一人となってしまいました。

今回の『怒る富士』では、現在の劇団の中枢を担う当代、いわゆる第三世代が要所を固めてくれています。さらに若き農民群像の役々は私にとっての孫世代、なんと第四世代のメンバー。第二・第三・第四と、はからずも三世代のそろい踏みとなり、前進座創立八五周年記念公演にふさわしいかたちで、劇団が総力をあげて世に問う舞台になったと思います。

――圭史さんは主役でありながら全国を駆け回り、観客を組織してきました。

私にかぎらず、これは全劇団員共有の活動のひとつで、このこと抜きに、劇団を守り発展させることはできません。

一九九二年の『怒る富士』上演のときは、北海道の北見から鹿児島の川辺《かわなべ》（当時「川辺町」。現在は南九州市の一部）まで、全国で一四二もの生協組合員さんの手による実行委員会がつくられたんですよ（地域によっては農協・漁協もいっしょに）。なぜそんなことが可能だったかといえば、この年、東京で「国際協同組合同盟・第三〇回世界大会」が開かれ、そのプレ企画として『怒る富士』が取り上げられたからです。なんせ世界最大の民間組織であり、四年に一度の世界大会が初めて日本で開催されるわけですから、大会組織委員会ではオリンピック並みの取り組みだったのです。

あの時期は、どこでも組合員自身による活動が活発でね。「共同購入」での班組織が驚異的に広がった時期で、食べものだけでなく「心にも栄養を」といったスローガンが、共通意識として全国で語られはじめていたんです。物質優先の、あの醜悪なバブル経済がはじけた、最初のころなんですね。一か所一か所、組合員さんとていねいな話し合いを重ねる、気の遠くなるような根気仕事でした。

今回は、二〇一七年の四月まで約八〇カ所で巡演の予定です。パターンはいろいろで、当時とはさまがわりしていますが、それぞれの地域で実行委員会がつくられています。

全国津々浦々、老骨にむち打ってとび廻っていますが、いつも自分に言い聞かせています、「一に情熱、二に体力、三、四がなくて、五にいささかの知恵」と。

でも苦労とは思いません、そこにすばらしいお客さんとの出会いが待っているからです。半世紀以上、この仕事をやってきてつくづくありがたいとは思うのは、劇団の歴史を支えつづけてくださった数々のお客さんとの出会い。演劇人生のなかでの私の財産です。

生粋の前進座っ子

—圭史さんは一九四〇年に生まれました。父は前進座の看板役者の一人だった五代目嵐芳三郎。母は花柳界出身で、第一回「ミス名古屋」にも選ばれた、お嬢さん芸者でした。

母は周囲の反対を押し切って、一九歳で父のところへ嫁ぎました。父は「役者こども」然として、いかにも柔和な、ぼんじゃり(おっとり)とした役者でしたが、家庭ではわがままで母に対してはけっこう暴君でしたよ。そんな父に対して、母はじつに献身的でした。
前進座が「芸術共同体」として集団の生活を始めるのは、母が嫁いだ三年後です。当時、前進座は舞台に加え、山中貞雄監督の『人情紙風船』をはじめとする映画に立て続けに出演、大変な評価をいただきます。そのおかげで一九三七年（昭和一二）には東京・吉祥寺に、稽古場と事務所、住宅をあわせもつ研究所を持つことができました。私はそこで生まれ育った第一号なんですよ。父の残した手記にも、こう記されています（『芳三郎芸話』新日本出版社、一九八一年）。

座の研究生に沢村ひろしという俳優がいて、渋谷の生家は産婆を業としていた。次男は、研究所の住宅でこのお産婆に取りあげられた。いわば生粋の前進座っ子であった。

初舞台はまだ敗戦まもない四八年、八歳のとき。前進座子供部のお芝居で『ライオンと鷲と猿』という寓話劇です。このとき私、鳩ぽっぽの役をやりましてね。母の割烹着を着て、鳩のくちばしの帽子をかぶって。

――その後、前進座は苦難のときを迎えます。日本共産党やその支持者が職場などから追放されたレッドパージの時代です。

劇団をとりまく凄まじかった状況、とりわけ当時の、混乱した共産党の影響をもろに受けた劇団内外の雰囲気は、子ども心にも鮮明に憶えています。

私の手元に一枚の拙い絵が残っています。なんとそれは、鳴らされた非常ベルの電源がわからなかったために、警棒でそれを叩き壊しているクローズアップの絵です。

早朝五時ごろ、ザッ、ザッ、ザッと、なんとも異様な軍靴のごとき足音。いまの自衛隊につながる警察予備隊に劇団の敷地が囲まれたんです。狭い我が家にも私服の刑事などがドヤドヤと上がり込み、母の両腕を後ろにまわして写真を撮ったりしていました。なんとも大がかりな、信じられないような情景です。私は当時小学校四年生だったはずで、ちょうど絵の宿題が出されていて、これを堂々と学校に提出したんですから、イヤハヤ。

そうした状況下、歌舞伎やシェイクスピア、モリエール作品を上演していたにもかかわらず、革新的な劇団という理由にもならない理由で、商業劇場から締め出しを食い、やがて学校の講堂でさえ上演できなくなりました。この時期、劇団を支えてくれたのが全国津々浦々の支援者でした。

私が中学生のときには、やはり弾圧されていた、映画人の独立プロ作品に出演しました。

山村聡監督『蟹工船』、家城巳代治監督『ともしび』、今井正監督『ここに泉あり』です。

――前進座に育った圭史さんですが、いったん俳優座養成所に入ります。

多感な青春期の入口で悩みます。そして決断するのです。前進座という垣根から飛び出して、外の空気を吸ってみようと。試験を受けたのは一五歳のとき。高校卒業以上が受験資格なのだけれど、そこはちょっとね……。それが受かっちゃって。で、入ったときは、三月三一日に誕生日を迎えたばかりの一六歳。

同期の山崎努も私と同じ貧乏青年で一緒にアルバイトをやったなあ。ラジオ子ども番組のレギュラーもあって月二万数千円ほどを稼ぎ、家からはビタ一文もらわなかった。逆に毎月三〇〇〇円ほど、食費を入れていたんですよ。子ども心にも我が家の経済状況はよくわかっていましたから。親には相談せず、すべて自分で勝手に決めたの。

月曜から土曜までびっしりカリキュラムが組まれ、いま思うと、ちょっと信じられぬほど充実した養成システムでした。座学は東大や慶応、早稲田、一ツ橋大学の超一流の先生方。高一中退の私にはレベルが高すぎましたね。

三年間、外で学びながら、あらためて前進座を俯瞰してみたとき、その創造活動のレヴェルの高さがよくわかりました。そのころには前進座も大劇場に完全復帰、歌舞伎はもとより、現代社会にもメッセージが届けられる歴史劇や、文芸・大衆劇、現代劇にいたるまで、じつに充実した陣容で、腕っこきの先輩たちの、まさに爛熟の時代でしたね。

それで一九歳で、一研究生として正式に前進座に入座。給料もいただきました。もっとも大学初任給が二万円ちょっとといわれた時代に月三五〇〇円、忘れもしません。

戦前新劇の「風」に触れた

――圭史さんは、前進座以外の舞台にも出演してきました。その一つが、演劇史に残る木下順二作『子午線の祀り』での主演です。

『平家物語』を下敷きにした作品です。源氏に追われ、平家が壇ノ浦で滅びていく。己の行く末を見据えつつ、最後まで運命にあらがって生きる平知盛《とももり》を、初演（一九七九年）から第五次公演（九二年）まで演じました。

この作品で山本安英、滝沢修、宇野重吉さんとの、宝ともいえる出会いをいただきました。戦前の暗黒の時代にたたかってきた新劇運動の、その一時代を担った「築地小劇場」でともに歴史を刻まれた方々です。「築地小劇場」は歴史のかなたのイメージしかなかったのに、その、最後の最後の「風」に、私は触れていた……。あらためて感慨が募りました。第五次公演のとき、知盛の心の恋人・影身《かげみ》を演じた安英先生は八九歳。知らされていなかったんですが、じつは大腸がんの大手術をしたばかりで、本来舞台に立てるような状況じゃあなかった。しかしそのときの舞台は、肉体を超越した意識そのものの存在、いっさいの余分を排した精神の気高さに声を失いました。亡くなられたのは公演が終了して、しばらく日をおいてからでした。

――初演時、木下順二さん、山本安英さんと、山口県下関の「火の山」に登った時のことも忘れられません。

初日を下関で開けましたから。木下先生は一枚の地図を取り出して、壇ノ浦での潮の流れ、月の引力との関わり、源平の位置関係などをていねいに説明してくださいました。この地図を基点として、八〇〇年前にくりひろげられた源平の死闘、そして天空への想念、つまり人間の運命といった事柄が、先生のお心のなかでいったいいくたび行き交ったんでしょうね。地図はボロボロで本当に胸が熱くなりました。

じつは、『平家物語』には驚くほど庶民が描かれていない。でも木下先生は、わずかに書かれた人民百姓《にんみん》の叫びを、虫眼鏡で見るように引っ張り出しました。

「去んぬる治承養和の頃より／諸国七道の人民百姓ら／平家のために悩まされ／源氏のために滅ぼされ／家を失いかまどを捨てて／春は東作のおもいを忘れ／秋は西収のいとなみにも及ばず」

『平家物語』（巻第十「藤戸」）に突如出てくる、ほとんど奇跡のような一節ですが、源平の権力闘争のもとで、本当はいちばん苦しめられている人民百姓の声をすくいあげ、見事なかたちで戯曲に投影した木下先生は、日本の良心ともいえる劇作家です。


――前進座に入座して五七年。舞台に立った回数は一万回以上です。


驚くほど多様な役柄を演じてきました。なかでも一九七九年から八二年にかけてはすさまじく、私の役者人生にとって重要な年月でした。『子午線の祀り』『日蓮』『お夏清十郎』『怒る富士』『鳴神』『四谷怪談』『羅生門』『瞼の母』などの主演作品が集中して……。

その間をぬうように前進座創立五〇周年記念歌舞伎座公演、「前進座劇場」開場準備と走りに走り続けました。とりわけ「前進座劇場」の建設は、私ども「第二世代」の時代到来への、陣痛にほかならなかったんです。創立世代の歴史、その芸術創造の財産を継承し発展させる、誓いだったといえましょう。

今年は前進座創立八五年。五年前の八〇周年事業をすべて終えたのち、私はいっさいの役職を離れ、いまは一座員ですが、じつにたくさんの方々に支えられ、お客さまとともに劇団の歴史を築いてこられたと、感謝感謝です。でもいまは状況があまりに厳しすぎる。第三世代を中心とした当代にはそれを乗り越え、新たな歴史をぜひつくりあげていってほしい。あくまでも謙虚に、己に厳しく、ね。

『子午線の祀り』で知盛は「見るべき程の事は見つ」といって壇ノ浦に身を沈め、人生の幕を閉じました。私もね、残された時間を大切に大切に、さらなる精進と努力を尽くし、「見るべき程の事は見つ」といえるような、生をまっとうしたいなあ。


（二〇一六年七月）

父の背中で

秋口だったはずなのだが、強い日差しのなか、私は父に負ぶわれて荷馬車の上にいた。ガタガタと横揺れ縦揺れ凄まじい田舎道を、手足をぶらつかせて、父の背中で受けとめられながら、家財一式、家族六人、荷台に肩を寄せ合って山を下りていった（に違いない）。

一九四五年（昭和二〇）、私の幼児記憶は五歳の折の、この日、この情景からはじまっている。といっても、田舎の山裾を行く荷馬車のバックに、主峰赤岳に連なる八ヶ岳の、おそらくは陽光を浴びて屹立しているパノラマはまったく記憶から失せている。二歳の弟（現、麦人）を膝に抱き、四歳を目前にした妹（寺田路恵）を小脇に抱え込んでいたはずの母の姿も、両親の間でちょこんとうずくまっていたであろう、一〇歳の兄（のちの六代目嵐芳三郎）の姿も、いまの私の眼には浮かんでこない。ただただ、父の背中で揺られていた荷馬車の上の、その感覚と、轍《わだち》に刻みつけるように聞こえてくる車輪の軋《きし》みが、私の脳裏に鮮明なのだ。

私は一九四〇年（昭和一五）生まれで、乳幼の時期は戦争の真っ只中にあった。誕生の日は三月三一日、早生まれのどんじりである。したがって敗戦の翌年、一九四六年（昭和二一）四月には、新制小学校第一回入学生となるのだが、それは満六歳になったばかりの、ホヤホヤの最年少小学生であった。

いまにして思うのだが、小学校入学直前にしてなお、父の背中に背負われねばならなかった、大病上りの虚弱児だったことと同時に、早生まれ最終日の誕生、という事実は、のちのちの私の成長の軌跡、性格の形成に微妙、かつ多大な影響をもたらしたのではあるまいか。

戦時中私の一家は、劇団（前進座）の本部が長野県上諏訪に移転（その後、蓼科に再移転）するとともに疎開した。当初一年間は群馬県吉井町の遠縁宅、その後敗戦までの一年間が、長野県は八ヶ岳山麓、北山村字柏原。中央線茅野駅からバスで一時間ほどの山村であった。茅ぶき屋根の母屋の、庭の一隅に建てられていた粗末なお蚕《かいこ》小屋で、兄の話によれば、かまどを置いた土間に仕切りなしで八畳ほどの居間スペースが続いており、屋根裏には養蚕道具が雑然と積まれていたそうである。陽も差し込まず、いずれにせよ人間の寝起きする場所ではなかった。

その疎開先で私は、下痢をともなった高熱を発した。おそらく赤痢に罹ったのであろう。私は連日九度を超える高熱とともに死線をさまよった。両親の驚愕いかばかりだったか、おそらく対応に苦慮したに違いない。なぜなら、戦時下でもあり治療施設とて満足にはなかった。赤痢と認定されて隔離、収容された村人の多くがふたたび戻ってはこなかったと聞いている。

私は、賢明なるわが双親の決断に、伏して感謝を捧げぬわけにはいかないだろう。世間に知られぬよう、ひそかに私を屋根裏に家庭内隔離。一家を挙げて看病を尽くしてくれたのである。全国を慰問公演して巡業に出ていた父は、どこからか、のちに聞いた私の記憶ではペニシリン、兄の記憶では葡萄糖液を手に入れて、いくたびか持ち帰ってきた。母はそれを私の腕に注射し続けた。そして兄は——おそらく——小川に水を汲みに行き、山からは薪を背負って帰る日々だったのである。

そのような必死の看病にもかかわらず、私の体力はその栄養液を吸収する力さえもなくして、注入部分の皮膚は化膿して穴が開いてしまったそうである。いまでも私の左腕には、その痕跡が小さく残っている。

だが私に奇跡がおこった。高熱はやがて下がったのである。ことあるたびに母は言ったものである「お前の命は拾いものなんだから」。私は間違いなく親に命を救われた。

しかし同時に、高熱とともに失ったものがある。それ以前のいっさいの記憶だ。だから私の幼児記憶は、五歳の折の荷馬車の上での、父の背中のブラブラからはじまっている。

もうひとつあえて挙げるなら、人生のスタートライン小学校入学時における、体力と知力の決定的ともいえる遅れであろう。なにしろ入学の寸前まで這い這いをしていたのだ。くわえて早生まれの最年少ときては、運動会の駆けっこはつねに「びりっけつ」。まことにむべなるかな、だったのである。

もっとも少年期の私は、こうしたハンディを意識せぬまま、自分でも出来の悪いだめな子として、ごく自然にそれにしたがっていた。校庭の隅っこで、遊びの輪に加われぬまま、ひとり佇んでいたりしながら……。

こうしたハンディが、己の意識にコンプレックスとして刻まれた時点で、私の自我は目覚めていったのかもしれない。自己啓発への私の挑戦はたしかにそこからはじまっている。

だから私の青年期は、ずいぶんと無茶な背伸びの連続であった。汗顔の至りである。

（『悲劇喜劇』一九九三年八月。『花の道草』所収）

前進座「大稽古場劇場」での幼少記憶

私の初舞台は八歳、小学三年生のときだったが、残念ながらそれは、いうところの劇場ではない。前進座は一九三七年（昭和一二）、東京都下・吉祥寺に劇団本拠地を建設したおり、稽古用舞台を備えた畳敷きの「大稽古場」をつくっていたのだったが、そこを使っての「子供劇場」公演だった。勉強会ではなかったから、いっぱしにお客さまに観ていただいたのだろう（つまり安いとはいえお金を頂戴して）。

一九四八年（昭和二三）、敗戦から四年後の九月だったが、『ライオンと鷲と猿』という芝居で鳩の役だった。出演の子たちがそれぞれに動物の意匠を凝らし、横一列に並んでいる写真をみると、隣のライオン役の統一《とういち》ちゃん（のちの河原崎長一郎）は、一歳きりしか違わないのに威風堂々としてじつに立派、私は彼の腕にぶら下がっているようにしか見えない……。

その後の「子供劇場」での出演は『舌切り雀』『イワンの馬鹿』『十五少年漂流記』等があり、踊りのバラエティーもあった。スラッとして清冽な少女だった、岩下志麻ちゃんといっしょに踊っている『わらべ唄歳時記』の写真一葉が手元に残されている。長一郎氏と従妹の彼女も一時期、子ども仲間だったのだ（その時代状況の反映だろうか、最近何かのパーティで、彼女の夫君篠田正浩氏から聞いた話だが、彼女が炊事に立っている時に何げなく口ずさんでいた歌が、『インターナショナル』だったとか……）。

この「大稽古場」はしかし、いまでいうアトリエ公演をはるかに超えた「本公演」としての立派な上演実績をもっている。というのも昭和二〇年代、ときの政治権力から不当な迫害を受け、いっさいの商業劇場、ときには公的会場からも締め出しを食って、創造の発表の場も失われてしまった時期の時代状況の反映でもあった。

もっとも印象に残っている舞台は、郭沫若《かくまつじゃく》作『屈原《くつげん》』。屈原は中国戦国時代の楚の政治家である。衰えゆく国の姿を憂いながら、奸計に陥され湖南は汨羅《べきら》江の淵に身を投じた、中国史上初の民衆詩人ともいわれる人物の物語だ。

身をもって屈原に殉じた侍女嬋娟《せんけん》の亡骸《なきがら》を胸に抱き、炎に包まれるなかを逃れいく幕切れは、子供心にも感動的で、あふれる涙をおさえようもなかったと記憶する。

そういえば岩下志麻ちゃんも『屈原』に感動、女優の道への思いがつのっていったそうだ。ヒロイン嬋娟ではなく、王の寵姫で屈原を貶《おとし》める、高慢で悪女的な南后《なんこう》に強く惹かれて、一度は演ってみたい役、といっていたのがおもしろかった。

もうひとつ、この会場での強烈な印象が残っている。それは奄美大島に残る「カンテメ節」に材をとった、島津藩の搾取と闘う島民の物語『美女カンテメ』公演のときで、河原崎国太郎がカンテメに扮する大型作品だった。

この折のできごとを語るには、いまや歴史の一齣となった「赤平《あかびら》事件」の話から始めなければならない。中村翫右衛門をはじめとする公演班が、モリエール『守銭奴』と『どんつく』に近松の『俊寛』をもって北海道を巡演したとき、炭鉱町赤平市で起きた社会ドラマ――事件――である。公演直前、公演会場である小学校講堂の使用許可が突如取り消しとなったことが、そのきっかけであった。

このとき炭坑の組合員や家族の人々が、続々と講堂につめかけて開演を要求、公演班はそれにこたえて、いまとなっての使用中止は無効とし、開演に踏み切ったのだった。ところが、それが家宅侵入罪とやらに問われ、座の若手男女優四人が検挙され、あろうことか、俊寛を演じていた中村翫右衛門にも逮捕状が出されたのだ（ちなみに、公演班全体の責任者は別人）。

しかし舞台で重責を担う翫右衛門は、出頭することなくお客様に殉ずる道を選択。張り込んだ数知れぬ私服刑事や警官の眼を盗んで公演地間を移動。それからおよそ二〇日間あまり、ある意味では役者冥利につきるともいえる見事な逃亡ドラマを演じ切り、各会場どこからともなく姿をあらわし、舞台を勤めおえると、観客の人垣に守られつつ何処ともしれず消え去っていったのだ。嘘のような本当の話である。

しかし、上砂川での千穐楽をようよう迎えることになったその日、警察は面子《めんつ》にかけても逮捕と、北海道各地から集められた精鋭は八〇〇人を超えたといわれている。一方翫右衛門のほうでもすでにその情報はつかんでおり、ここはさすがに出演をあきらめ、しばらくはじっとアジトに潜んでいた由である（事件についてほとんど語ろうとしなかった翫右衛門さん自身の口から、このときの話だけは、私は直接聞いた）。

ところが、急遽代役に立った瀬川菊之丞が、上演中なだれのように舞台に踏み込んできた私服に「翫右衛門、御用！」とばかり、俊寛の扮装のまま抱き上げられて警察に運ばれていってしまったのだ。なんともしまらぬ、オチまでついての顚末……。その後、杳《よう》として翫右衛門の消息は知れなかった。完全に地下に潜行したのだ。

それから四カ月のち——

なんと翫右衛門は、民間の出入国などは思いもよらぬ、日本と中国の国交が開かれるはるか以前、そのまた以前の東西冷戦真っ只中、中国は北京に忽然と姿を現わしたのだった。

ここまできてやっと話は本筋にもどる。つまり前進座「大稽古場劇場」での強烈な記憶とは、

『美女カンテメ』の公演初日の舞台が開く寸前に「北京に甎右衛門現われる」のビッグニュースが観客席に知らされたのだ。じつはそのとき、座員子弟の特権で私も会場のひと隅にまぎれこんでいたのだった。

会場は湧きに湧いた。細かく憶えてはいないが、そのむせかえるような興奮に包まれた、なんといったらいいのか、いまとなってはぼやけたようなそのおりの異空間が、わたしの記憶の底から、フワーと浮き上がってくるだけなのだが……。

まさに歴史的な、前進座「大稽古場劇場」での記憶ではあろう。

（『悲劇喜劇』二〇一二年一〇月）

役者冥利に尽きる「時」のおとずれ――『日蓮』『子午線の祀り』

人間、一回きりの人生のなかにも、運命的ともいえる出会い――この場合は作品――があるものだと、わが来し方を顧みて、その「時」のおとずれに、深く頭を垂れて感謝を捧げずにはいられません。一言でいえば「役者冥利に尽きる」ということでしょうか。

一九七八年（昭和五三）から七九年にかけてのことです。当時、私が所属していた劇団前進座は、一九三一年（昭和六）創立以来、半世紀に及ぶ風雪に耐え、創立五〇周年も間近に迫っていました。そうしたなか、創立世代の輝かしい歴史も役割を終えつつあり、その継承は、私ども後継ぎの「第二世代」に託された喫緊の課題となっていたのです。

ところが、そのころの役者・嵐圭史は、もはや三〇代も終わろうかという歳であったにもかかわらず、技倆いまだ高からず、将来を嘱望されているうちの一人、といったレヴェルを脱しえずにおりました。かつて二代目左団次は言ったそうです「役者、三九歳までにものにならなくちゃ、だめだね」。

そんな時代のある日、一九七九年五月に幕を開ける「日蓮聖人第七百遠忌記念『日蓮』」

劇の配役発表があったのです。いつものように厳粛に、墨痕鮮やかに巻紙に記された配役表が広げられたその瞬間、私は血の気が失せました。罰が当たりそうな話ですが、そのとき私は本気で「私が日蓮？　それは役違いでしょ……」と、自問自答していたのです。

というのも、技倆いまだ高からずとはいえ、当時私は二枚目の役どころを一身に引き受け（ほかに適任者がいなかっただけ……）、いわゆる「白塗り」系の役者だったのです。

ところが日蓮聖人は、幼少時から潮風に鍛えられて体軀は堂々とたくましく、声野太く、その響きも奥深きものだったに違いありません。さらに並外れたスケールをもつ人間、日蓮。このような「役柄」経験は、それまでの私の舞台では皆無だったのでした。

あんのじょう、稽古がはじまってみるともがき苦しみました。動作や声域にいたるまで、己の領域をはるかに超えた未知なる肉体的挑戦は、筆舌に尽くしがたき困難をともなったのです。声ひとつにも、その人間性の響きが求められるわけですから。

しかし、結果として私は大きな飛躍を遂げることができたのです。コペルニクス的転換といったら少し大げさでしょうか。私はそれまでの単なる「白塗り」役者から、「実事・荒事」役者へと、その「役柄」を大幅に広げることに成功したのです。その証とでも申しましょうか、「日蓮劇」から三年後の一九八二年、劇団創立五〇周年記念事業「前進座劇場」オープニング演目『歌舞伎十八番・鳴神』で、私は鳴神上人（荒事役）を勤めることになったのですから。

さて、『日蓮』の公演準備が進むさなか、日蓮役にまさるともおとらぬ大変な作品のオファーが舞い込みます。木下順二作『子午線の祀り』主人公・平知盛役です。のちに昭和の名戯曲と評価され、上演時間四時間三〇分に及ぶ大作。その知盛役の何と魅力にあふれていることか。しかもこの役なら、自分の等身大で十分演れる……。

ところが、ところがです。この『子午線の祀り』の公演予定は初日が四月九日（下関）、千穐楽が五月一三日。すでに制作上の準備が完了していた『日蓮』の初日は、その後の五月一八日。この間わずかに五日間！　これはもう断腸の思いでお断わりするしかありません。

しかしこのとき、劇団幹事会は驚くべき決断をくだしたのです。両方を実現すべく、『子午線の祀り』稽古入り（三月一日）の前、すなわち二月中に『日蓮』を完璧に仕上げてしまおうと、劇団あげてのスケジュール調整をはかり、さらに「公開舞台稽古」（実質的な初日）の実施まで決めたのでした。

絶対に『日蓮』を成功させる、そして『子午線の祀り』に嵐圭史を送り出す、といった劇団の総意を私は感涙をもって受けとめました。同時にその責任の重さをバネに、この幸せな「時」を無にしてはならないと己れの心にかたく誓ったのです。

顧みてしみじみと思うのです。人生、にわかには信じがたい「時」、エポックがあるものだと。私はその後三年間（三六カ月）、休むことなく毎月毎月、舞台に立ち続けたのです。しかも『お夏清十郎』『怒る富士』『四谷怪談』『羅生門』『瞼の母』等の主演も頂戴。この「時」にこそ、劇団看板役者としての基を築いたのでありました。

（『法華』法華会、二〇一八年七月）

陣痛のはじまり

劇団前進座を生み、育て、発展させてきたすべての先輩諸兄姉に敬意と感謝を捧げます、心より。

五〇年……。

先輩、とりわけ劇団草創期の歴史を培《つちか》ってきた、初代の方々に接してつくづく思いますに、「産み」出した者特有の、「愛」と「強靭」さを感ぜずにはいられません。「陣痛の苦しみ」を知っている者のみが持ちうる、したたかさといってもよいでしょう。

私たちにはいま、私たちの陣痛が必要だったのです。あらたな私たち世代の歴史を築くために。それがこの「劇場建設」でした。

ご支援くださった全国のみなさま、ほんとうにありがとうございました。

格天井《ごうてんじょう》と、紅殻色《べんがら》を基調とした落ち着いた客席（五〇〇席）。廻り舞台。取りはずし式の、すっぽん（迫《せ》り出し）付き花道を備え、新旧の演劇それぞれに対応が可能な舞台機構。

「前進座劇場」は、驕らず、飾らず、しかしほどよく自己主張して、私たちの眼の前に、その瀟洒な姿をあらわしました。

その瞬間、私は悟ったのです。じつはいま「陣痛」がはじまったのであり、「産み出す」のはまさにこれからだということを。

（「前進座劇場開場記念パンフレット」一九八二年一〇月。『花の道草』所収）

演劇史的快挙『解脱衣楓累』の上演

鶴屋南北〈幻〉の舞台

私が劇団幹事会の末席をけがすのは一九七九年八月。当時、劇団の大きな課題は二つありました。創立五〇周年の歌舞伎座での記念公演（一九八〇年一二月）を成功させること、そして「前進座劇場」の建設です。そのうえで世代交替をはかり、名実ともに、私ども劇団「第二世代」の時代を確立するという、大きな目標を見定めていたのです。

一九八二年「前進座劇場」のオープンを無事にすませた翌年だったと思います。はや目前に迫ってきた同劇場の「開場三周年」企画の討議がはじまり、そのなかに文芸演出部（以下、文演部）からの鶴屋南北『解脱衣楓累』の企画提案がありました。

『解脱衣楓累』――「げだつのきぬもみじがさね」と読ませます。この際、外題の解釈は抜きにして、おしまいの「累《かさね》」のみにスポットをあてますと、歌舞伎ファンならだれでもご存じの、いわゆる「累物」。下総国羽生村《しもうさのくにはにゆうむら》の「累」という女性にまつわる怪談的要素の強い物語で、そのバリエーションはたくさんあります。しかしこの作品はその内容の重さにおいて、他の追随を許しません。

鶴屋南北（一七五五〜一八二九）はいうまでもなく、江戸後期の名高い歌舞伎狂言作者。『東海道四谷怪談』はあまりにも有名です。ところがこの『解脱衣楓累』、文化九年（一八一二）八月、江戸市村座での夏狂言として上演が予定されていたにもかかわらず、直前になぜか中止となってしまい、ついに上演されないままでした。「幻の舞台」といわれるゆえんですが、このことじたいも何やら奇っ怪です。

そしておよそ一五〇年あまりのちに、国文学者の大久保忠国氏が神保町の古本屋でその脚本を発見し、奇跡的に蘇ったのでした。そしてそれを当時文演部に在籍していた小池章太郎さんが、あたため続けてくれていたのです。

「恨みの血筋の根を断った」

主役は空月《くうげつ》とお吉・累の姉妹（二役）。

武家に生まれながら、御家断絶をうけ、いまは修行僧として口を糊する身の空月。ふたたび武家社会への回帰をもくろむ空月だったが、武家社会そのものが瓦解に向かう、その忍びよる足音も聞こえぬまま、立身を夢見る空月の姿が痛ましい。

その空月は、許嫁のお吉と一度は心中を約束し、手にかけて殺《あや》めてしまう。つぎは我が身と短刀を首にしたとき、激しき雷鳴、稲妻のなか、その手が止まって空月「ハテ、待てよ」、以下――

空月　この空月も以前は武士の身。［中略］この世の中に一念で、願いのかなわぬことあるべきや。こりゃ死なれぬ、え丶、死ねぬわいやい。生きていりゃこそ栄耀栄華《えようえいが》も目の辺り。こうなるからは命ながらえ、出家侍両道の、立身出世を（ト、きっと思い入）。フフフフ……。

このとき、斬られたお吉の切り首から蝶が舞い出て空月にまといつく。この蝶、これから先もたびたび登場することになるのだが、鶴屋南北のこの発想の斬新さには驚く。時代を超えてのモダニズムといえようか。

立身出世願望へと変身すると空月は、お吉の生首を風呂敷に包んで持ち歩く。この生首、怒ったり嫉妬したり反応をするのだ（腐らないのはご愛敬……）。

旅の途上、空月が出会って心ひかれる累は、なんとお吉の妹。空月は累を追って羽生村に住みつく。その空月のもとに、ある日突然、乳飲み子が届けられる。それは、お吉が死後出産した空月の児であった！　空月は累をわがものにしようと襲いかかった。そのとき、お吉が累の肉体に乗り移って怨念を晴らさんと空月を苦しめる。ついには武家の血をひくその乳飲み子を、累に憑依《ひょうい》したお吉は、残酷にも川に投げ込んで殺してしまう。
このときお吉は、累の口を借りてこう言い放つ。

累　恨みの血筋の根を断った。

南北はじつに怖ろしい作家です。その行為の深層は、「恨みの血筋」つまり武家社会そのものに向けられているからです。南北が何を見、何を実感したかは知るよしもありませんが、当の徳川幕藩体制はそれからおよそ半世紀後、本当に崩壊してしまうのです。

出演者のみの営業チーム

しかしこの企画、スムーズには決まりませんでした。文演部の満を持しての提案、わけてもその一員だった小池章太郎さんの並々ならぬ作品への洞察と熱意にもかかわらず、残念ながら営業部門は受けとめることができなかったのです。
その見解にはたしかに一面の理はありました。決定的な人手不足です。営業部では、三周年事業の最大の取り組みをその六月『傾城反魂香《けいせいはんごんこう》――吃又《どもまた》』『御存知遠山の金さん』一ヶ月興行に賭ける方向で、すでに部内討議は固まっていたのです。そのうえに、まったく無名の、しかも『解脱衣楓累』などと読めもしない小難しそうな芝居、どうやって売るの？

いかに創造への想いが強かろうと、劇団経済確保の絶対的課題の前には一言もありません。しかし二度とない絶好の機会、こんなすばらしい未上演台本を、またまた幻にしてしまうのは、あまりに悲しい。二度三度と会議を重ねたあと、私は決意しました。よし、制作責任は自分でとる、出演者だけで営業体制を組んで興行を成立させよう、と。

なぜそんな大胆な提案ができたかといえば、私は新人のころより、営業の一兵卒として重宝がられ、それなりの実績をあげて、役者より先に座内での評価を頂戴したという、笑えぬ経緯があります。役者としてはちっとも自慢にならない……。

こういうとき、まず兄・芳三郎に相談します。それまでも兄は私によく言ったものです「内向きなこと――つまり経営、運営――は自分が責任をもつ。外の仕事は頼んだぞ」。その点での兄との信頼関係は固く結ばれており、まさに同志でした。そして私が企画立案、全国を走りまわって取り組んだ作品はそれまでに五本近くあり、オール成功させていたのです。

そしてついに、『解脱衣楓累』は正式に決定をみるにいたりました。私はこの興行の成功に向けて、座内向け方針書にこう記しました。

「本邦初演となるこの大南北の傑作は、興行的には困難極まりなく大冒険だ。だが冒険は価値あればこそ挑む。そしてこの公演は、その資格を立派に持っている」。

私ども制作・営業チームはキャッチコピーをこう決めました「生首と旅する男」。

兄・芳三郎の女方芸

文演部よりの『解脱衣楓累』企画提案の折に、空月とお吉・累についての配役案はいっしょに出され、私（空月）と兄（お吉・累の二役）が配置されていました。ですから兄も、それから原本を勉強し、その役創りにはかなりの思い入れがあったようです（兄の没後に刊行された遺著である岩波新書『役者の書置き』に一項目あります）。

それにしても、兄・芳三郎のお吉・累は忘れることができません。いま思い返しても涙が出てきます。本当によかった。兄の出世作となった『俊寛』の千鳥は、文楽の人形から形（振り）をとり入れての、一人鬼界島《きかいがしま》に取り残された折の嘆きの演技が大評判となりましたが、それと並んで、生涯の代表作のひとつでありましょう。

兄の芸風は、こってりとした女方ではなく、あくまでも清々しく、あたかも涼風が吹き抜けていくような爽やかさにありました。まさに純朴な農家の嫁役・累はぴったりでした。

そうした累であればこそ、その身体にお吉が乗り移って憑依するときの落差が大きく、凄みも半端ではなかったのです。実際、累→お吉→累と変化するその変わり身の見事さに、なぜか私は、いっしょに舞台に身を置きながら、幸せな気分に包まれてその時間を楽しんでおりました。

前進座劇場の金字塔

それにしても、この芝居をずっとあたため続け、わたしどもの上演へとつなげてくださった小池章太郎さん（初演台本校訂者）へは感謝のほかありません。また、兄の著書でも紹介

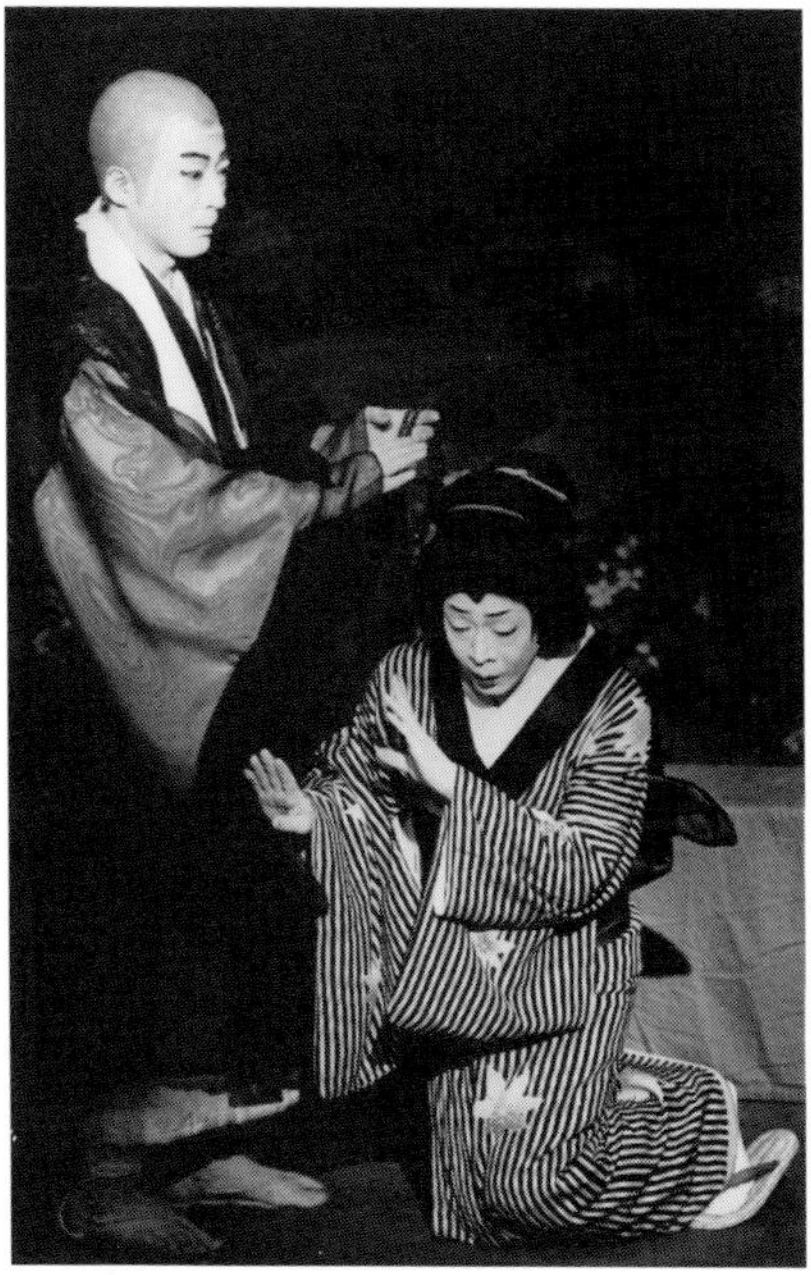

されているように、お手本がまったく無いなか、立ち回りの工夫や下座音楽、衣裳、かつらなどなど、さまざまな方々が全力を尽くしてくれました。

何よりも、異常気象の凍てつく冬の日々（二月）、稽古入りまでのわずかな期間を、出演者多数がひとつの塊となり、駈けずり廻ったことは特筆しておかなければなりません。チラシとポスターを携えて、興行、創造、ともに絶対に成功させようとの、それぞれの強い思いを胸に、兄・芳三郎も先頭に立ってくれて、みんな燃えたのです。

それらの努力が重なって、ついに私どもは、南北作品の初演・初日を「前進座劇場」で飾るという、本来ありえない、演劇史的な快挙を成し遂げたのでした。まさに金字塔です。

興行はみごとに成功しました。しかも二ステージ分を追加上演しての大入り。何より舞台の評判は上々吉、その後国立劇場で再演を果たし、全国での上演もほぼ制覇したのです。間違いなく、劇団経済にも大きく貢献できたのでありました。

今後、鶴屋南北の研究書における初演項目には、他の演目が文化・文政当時の一八〇〇年代とあるなか、必ずこう記されるはずです。

『解脱衣楓累』一九八四年（昭和五九）三月、前進座劇場

愚直六五年

創立六五周年（一九九六年）をようようにして迎えた「前進座」の、その緒戦、本年初頭より五カ月間のレパートリーは、以下のとおりです。

○歌舞伎十八番『毛抜』・陣出達朗原作『伝七捕物帳』（一月／京都・南座／二〇日・三七ステージ）
○儀間比呂志原作『笛吹きカナシー』（一月／前進座劇場／五日・一〇ステージ）（一～二月／全国巡演・おやこ劇場と学校公演／二九ステージ）
○五木寛之作『蓮如』（二月／大阪・中座／二六日・四九ステージ）
○歌舞伎舞踊『藤娘』・長谷川伸作『一本刀土俵入』（二～三月／全国巡演・演劇鑑賞会／二九ステージ）
○藤田傳作『闇と舌先』（三月／前進座劇場／八日・九ステージ）
○山本周五郎作『わたくしです物語』・同『かあちゃん』（三月／全国巡演・演劇鑑賞会／

二〇ステージ）

○歌舞伎舞踊『大いに笑う淀君』・歌舞伎十八番『勧進帳』・松本清張原作・歌舞伎世話物『左の腕』（五月／東京・国立劇場／一二日／二三ステージ）

以上、五カ月間のレパートリーは一二本ですが、歌舞伎劇（五本）から歴史劇（一本）、近代劇（一本）、文芸・大衆劇（三本）、現代劇（一本）、児童劇（一本）と多岐にわたっております。こうした多様な演目で構成しつつ、五カ月間で一九六ステージ（ひと月およそ四〇ステージ）の創造活動を展開してきた、ということになります。

上演形態もさまざまです。

「手打ち興行」は小屋（会場）を借りての自主興行で、都市大劇場（国立劇場・商業劇場）公演がそうです。いま掲げた各月の公演でみるなら、一月「京都・南座」、二月「大阪・中座」、五月「東京・国立劇場」がこれにあたります。大雑把に概算しても、三座あわせておよそ一〇万名の集客が求められるわけですから、公演が終わるたびにいつもゾーッとしてしまうのです……。

文化運動的側面をもつ、全国各地での演劇鑑賞会や各地実行委員会主催のもの、また「おやこ劇場」や生徒対象の学校公演などは、会員制やチケット販売などさまざまですが、いずれにしても主催をお願いし上演料を頂戴しますので、かたちとしては「売り興行」。

　そしてまるごと自前の前進座劇場公演があります。

　ひるがえって六五年前に眼をやりますと、旗揚げの六月と七月は市村座で「手打ち興行」。八月宮戸座で「売り興行」。レパートリーは、当時の歌舞伎社会を生々しく暴露、糾弾したいわば内幕物の村山知義作『歌舞伎王国』をはじめ、長谷川伸作品、真船豊作品、それに『かっぽれ』から鶴屋南北『謎帯一寸徳兵衛《なぞのおびちょっととくべえ》』まで、やはり限りなく多様でした。

　六五年の風雪を劇団「運営」の視点でまとめるのは容易ではありません。しかしその検証の立脚点は、あくまでも劇団結成時の「理念」にこそ求められるべきだと思います。

　創立に先立ってわが先達は、歌舞伎の世界にあって魑魅魍魎《ちみもうりょう》、秘密に閉ざされていたそれぞれの給金の袋を同時に見せあったそうですが、爾来「前進座」では、すべての経済が完全公開であり、正劇団員の全員がその時々の経済状況を掌握しています。それはまさに「民主的運営」の原点でもありました。

　「民主主義」とはじつにめんどうくさいものです。さらにいえば、それが芸術創造体になじむかどうか判然とはしません。ただ私どもは、そうして六五年の歴史を刻んできました。愚直に。


（『悲劇喜劇』一九九六年四月。『花の道草』所収）

深い感謝の念をもって――「前進座劇場」の閉館挨拶

いま、「前進座劇場」建設時のさまざまな場面が、私の脳裏を走馬灯のごとくよぎっていきます。

建設決定から開場までの三年間、設計プラン、特別認可の諸運動、建設募金の展開、設計細部の検討と確定作業等、下働きの要員として私も「劇場建設実施・事務局」に参加。まさに疾風に放り込まれたような追憶でもあります。

三点、記しておきたいと思います。

一つは「廻り舞台」です。従来の構造イメージ（奈落《ならく》にレールと鉄骨を組んで支える）からするなら、舞台下の事務所スペース確保といった点から無理で、じつは当初の基本設計にはなかったのです。しかし「歌舞伎小屋」の要件は絶対に満たしたい、との思いから発想を転換、中華料理のターンテーブルのイメージで簡略化、設計担当者も研究を重ねてくれた結果、低予算での実現にこぎつけたのでした。従来の劇場設計では考えられなかった、おそらくは日本で（世界でも？）初めての誇るべき成果だったのです。

二つは「緞帳《どんちょう》」です。これもしかるべきものとなると、とても予算内に収まらないことがはっきりしてきました。このとき、全国各地で公演のたびにご支援をいただき、いわば蜜月の関係にあった「全国中小企業家同友会」の方々が、任意で立ち上がってくださったのです。その緞帳基金の集計は、募金総額の一〇％弱にのぼり、しかも贈り主（スポンサー）名の入らぬ、気品ある「私どもの劇場」にふさわしい、見事な仕上がりでした。

三つには「楽屋構造」の特異性です。俳優陣の意見を集約しながら、限定されたスペースと予算の制約のなかで、「現場の人間」のアイデアを随所に生かした、他に類例を見ないじつに使い勝手のよい楽屋となったのでした。

その「前進座劇場」のこのたびの閉館、まことに無念、慙愧《ざんき》に堪えません。

いま私の胸に去来しますのは、建設時にご声援、お力添えを賜り、爾来三〇年にわたって支えつづけてくださった幾千幾万の方々への、心よりのお詫びと、深い感謝の念であります。

（『前進座劇場三十年の軌跡』二〇一三年）

『子午線の祀り』を通じて木下順二先生を想う

本年（二〇一七年）は木下順二先生の生誕百年にあたります。お亡くなりになってから八年ですから、再来年が没後十年。ご恩をいただいた者として没後一〇年には何かやらなければと、いま考えている最中です。

木下先生はお生まれこそ東京ですが、小学生のときに熊本に転校、五高（旧制第五高等学校）を卒業されています。熊本に移られたときのことを先生ご自身がこう語られていました。

「小学校四年の時だったと思います。東京本郷で育った私が、父親が隠居したため、父親の郷里である九州熊本へ突然持っていかれて町の小学校に入れられて、主としてことばの点でいじめられた」（「日本語の世界――戯曲の日本語」中央公論社、一九八二年）。

ご縁というのは不思議でして、私のつれあいが熊本で歴史のある白川小学校の出なのですが、木下先生も小学生時代をここで過ごされました。その小学校の講堂に木下先生が直々《じきじき》に一座をお連れになり、そこで山本安英先生の『夕鶴』を見たというのがつれあいの自慢話のひとつです。そのお父上・原田義孝氏も五高卒業生で、しかも木下先生と同じ馬術部でした

（もっともすれちがっていますが）。義父は熊本大学医学部付属病院教授で小児科の先生、胎児に水俣病の被害が出ていることを世に知らしめた研究チームのメンバーでした。

木下先生の『子午線の祀り』初演は一九七九年で、すでに四〇年近くも前の話です。私は平知盛を第五次公演までやりましたが、第四次と第五次では、「どうしても全曲上演したい」という木下先生の強い要望があり、四時間半かけて、ノーカットでの完全上演となりました。

『子午線の祀り』は、『平家物語』の巻第十一で、総大将の平知盛は平家方の敗北を見届けると、「見るべき程の事は見つ」と、鎧《よろい》二領を着て壇ノ浦に沈んでいくわけですが、なぜ知盛は「見るべきものは見た」と言えたのか、というところから、このドラマを書かれる動機を木下先生は持ったのです。

それを「子午線」、つまり天・宇宙の視野から見た人間のありよう、己の運命をしっかり見据えながら、その運命に抗《あらが》い、懸命に生き抜こうとする、その典型としての知盛像を、木下先生はこの作品を通して描かれたのだと思います。

木下先生の言葉へのこだわりは徹底しています。身近な例でいえば、「方言」という言葉。木下先生は「方言」ではなく「地域語」と言われました。「方言」という言葉には、中央から見た地方への視線があるけれども、それぞれの地域が独自の歴史を背負って生まれてきた言葉という意味で、この「地域語」という言葉を先生は大切になさっていたと思います。

もうひとつ、「終戦」という言葉は絶対に使われませんでした。第二次世界大戦は、やはり「敗戦」であり、真実を曖昧にする表現は適切でないと、必ず「敗戦」という言葉を使われました。

先生に褒められたことがあります。知盛の役創りと稽古の過程を一冊にまとめた拙著『知盛逍遥』（早川書房、一九九一年。のちハヤカワ演劇文庫『知盛の声がきこえる』二〇一七年）のなかで、私は「生き様《よう》」という言葉を使いました。これを先生は褒めてくださいました。なぜかというと、誰だったか「生き様《ざま》」という言葉を使って、先生は大変それがご不満だったんですね。その意味を私なりに解釈して、拙著のなかでその表現を使わなければならなくなったときに、「生き様《よう》」とルビをふらせてもらった。

「その人の生き様《ざま》は……」などと言いますが、「ざま」という言葉はあまり良いものでなく、「ざまあみろ」とかそういったかたちでよく使われますね。一人の人間の生きてきた過程をあらわす言葉として、「生き様《ざま》」というのは、何か語感もきれいじゃないし、イメージもよくありません。だけど、それを「生き様《よう》」というかたちで読めば非常にきれいだし、その言葉の中身を表現するのにぴったりです。

私がその言葉を使うときには、必ず「生き様《よう》」とルビをふらせていただいているのは、木下先生のそういった思いをいただいているからなのです。

『子午線の祀り』は随所に『平家物語』原文から引用があり、その多くは、壇ノ浦での「源平合戦」の場で「群読」されます。しかし原文の文体をほとんど崩さない。『平家物語』の現代語訳はずいぶんありますが、筋はわかるけれども、古語ならではの文体に秘められた格調、音の響き、そして和語と漢文の整合性といった魅力が失われてしまうんですね。それは絶対に本来の『平家物語』ではない、と私は思うのです。

木下先生は、古語としての格調・響き、意味合いをふくめてきっちりと原文を押さえ、そのうえで、現代の私たちが聞いても耳になじみやすいように、微妙に手を加えていらっしゃる。そのうちの一か所を抜き出してみましょう。

このまぎれに新中納言知盛の卿はそこをふっと逃げのびて究竟《くっきょう》の名馬には乗り給へり、海へざっと乗り入れ海のおもて二十余町を馬泳がせて

これは一の谷合戦に敗れた知盛が、息子・知章が身代わりとなって討ち死にする間に海に逃れる場面。誰が聴いても『平家物語』そのものの引用で、語調の狂いはまったくない。し

かし、原文はこうです（巻第九「知章最期」）。

このまぎれに新中納言は究竟の名馬には乗り給へり、海へざっと乗り入れ海のおもて二十余町泳がせて

どこがどう違うか、おわかりですね。まず、原文では「新中納言」だけですが、木下戯曲は「新中納言知盛の卿」。当時は通り名がふつうで、諱《いみな》＝本名が記されることはごく少ない。しかしそれではいまの人には誰のことかわからず、戸惑います。しかし「知盛の卿」と続けると、ズバッとわかるわけです。原文にも「新中納言知盛の卿」との使い方は登場しているので、当時の言葉としても決しておかしくないのです。

さらに重要なのが次の「そこをふっと逃げのびて」と続く部分。この「ふっと」、たったこれだけの一句が、『子午線の祀り』というドラマの、核心をにぎっているといっていいほど重要なせりふなんですね。知盛は父親なのに、息子を見殺しにしてしまったわけですが、これは計算づくではなく、意識的な行動ですらない。この「ふっと」という副詞で表現される無意識的行動こそが、ドラマ全体の主題である人間の運命ということを示しています。原文には無いにもかかわらず、まったく違和感がない。じつに見事とあらためて思います。

正直に白状すると、稽古の過程では、この「ふっと」の持つ意味の重要性が、私にはなかなか理解できなかったのですが……。

木下順二先生と山本安英先生の関わりはすばらしいですね。演劇の世界での作家と女優の関係といえば、島村抱月と松井須磨子がいまや伝説です。抱月には奥さんがいて複雑だったようで、抱月が若くして病死すると、後を追うように松井須磨子も自死するんですね。それとはまったく別なかたちで、純粋な〈愛の形〉と思えるのが木下順二先生と山本安英先生です。

木下先生は生涯独身で通されますが、お二人の間柄を近くで見ていると、木下先生にとって山本先生は、ひょっとして母親的な存在ではなかったかと思われるところがありました。山本先生の立場からは演出・作家と対する女優。いわば「師」と「弟子」。山本先生を「弟子」といってしまうのもなんですが、師弟関係と言えないこともない。かつて「惣ど」の役で出させていただいた『夕鶴』の稽古場で、そう感じたことがあります。

しかし、なんといっても最大の結びつきは、演劇をいっしょにつくっていく信頼関係でしょう。つまり、お二人は何より「同志」だった。

（『くまもと』くまもと文化振興会、二〇一四年一二月）

ある演劇鑑賞会へのメッセージ――「岡山市民劇場」総会に寄せて

子役時代はともかく、「前進座」に正式入座してより、本年（二〇一九年）、きっちりと六〇年の歳月を数えるにいたりました。

そしてその歳月は、ほとんど貴「岡山市民劇場」の歩みと重なるのです（みなさんのほうがちょっと先輩）。正直、時代を、歴史を、ともにしてきたという実感が強烈にあり、私にとってそれは、とてつもなく大きな財産であり、誇りとするところであります。

駆け出しのころ、「労演」時代の残像がいま、私の脳裏をおぼろげに走り抜けていきます。「労演」、懐かしい呼称ですね。当時の社会状況を反映して、その担い手はほとんどが労働組合の青年部などを中心とした若い人たちでした。学校の先生も多かったですね。まだ名もなかった私が、『俊寛』の例会で少将成経《なりつね》という大役をいただいたおり（一九六九年）、全国の「労演」で初めて、機関紙インタビューをうけたのが貴「岡山労演」で、そのときのインタビュアーこそ、若き日の西崎竹男・現事務局長だったのです。

やがて、もっと地域社会へと、名称を「市民劇場」へと変更していく時代が到来します。

サークルは必要とされず、そのつど、一人でも入会できた「大衆化路線」の大波。これは時代の趨勢というべきでしょうが、大きな危険も孕んでいました。客を呼べる有名作品、マスコミでの俳優重視の方向が顕著だったからです。

前進座のような名もなく、貧しく、美しき劇団（？）は、アンケートでも票が集まらず、ほとんど見向きされなくなってしまった時代（本当です、当時の数字をみれば）。サークル活動が機能しないこともあって、会員数は増えたり減ったり、その動態グラフの何と激しかったことか！

こうした混迷期をへて、「鑑賞運動」は全国的規模ですばらしい学習能力を発揮。「サークル活動」の原則化（三人以上）と、全会員「運営参加」の基本路線がやがて定着、見事な再生への道を歩みはじめたのです。

とりわけ貴「岡山市民劇場」での、この一九年間にわたる会員数の「オールクリア」（前例会の会員数を減らさず必ず増やす運動）は目も眩むばかりの、信じられぬような高き峰を築かれました。なぜこんなことが可能だったのか、そのあたりの秘密をぜひ教えてほしい。ただ、単なるがんばりというだけでは到底説明しえぬことと思われるからです。

ひとつ、私の胸に熱く響いてくることがあるんです。みなさんの事務局、いつうかがってもガチャガチャとしていますよね。賑やかで人があふれているんです。「ガチャガチャ」「賑やか」「人があふれている」。そんな事務局の雰囲気が、私にはとても好ましく思えてなりません。

しょせん「たかが芝居、されど芝居」。

みなさんとふれあうなか、私はいつも思うんですよ。その「芝居」のために、こんなにも多くの会員さんが集い、努力を惜しまず時間を費やしている。いったいどうして？　なぜ？　だがはたして創造者側は、それにこたえるべく努力をいかほどしているでしょうか。つねに私どもに突き付けられている大きな課題です。

総会の成功を心から願いつつ。

（二〇一九年「岡山市民劇場／総会へのメッセージ」）

Ⅳ　明日へ

「芸の継承」についてとのことですが、私は一九歳のときに劇団に加入、研究生より準座員への昇格審査では見事落とされた、ダメ役者（の玉子）でありました。それから十年近くはもっぱら、その他大勢役。一方では、舞台を降ろされての（舞台の合間に、ではなく）「観客普及活動」要員の、大変貴重な戦力だったのです。いま振り返れば、この時期、芸の勉強にもっと時間をいただけていたなら、今ごろは、と思わずため息のひとつも出てしまうのですが……。

悔やまれるのは、父・五代目嵐芳三郎が生存中、父が演じた役で、その教えを直々に乞うたのは『勧進帳』義経、一役のみだったということです。

父の義経は、例えば〽判官《ほうがん》御手を取り給い――の、あの件《くだり》を、大きな振りをはんなりと演ずる成駒屋（歌右衛門）型で演じており（右膝、左膝をゆっくり前へ進め、さらに右膝を出すと同時に、中啓《ちゆうけい》＝扇を左手に持ちかえて右手を下からすくうように差し出す）、私もその型が大好きでした。父は六代目（菊五郎）の弟子であったにもかかわらず、六代目型ではなかった。「六代目はこうであったが」と、例の右手を品よくおろすだけの、きわめてシンプルな型と、両方の型をしっかりと、役の性根ということも含めて教えてもらったのでした。

後年、父の演じた二枚目系統のお役もずいぶんと演らせていただくようになりましたが、そのときすでに父はこの世にいなかったのです。

本公演ではなく、勉強会で教わったのが『仮名手本忠臣蔵五、六段目』勘平《かんぺい》（後年、本公演で演じました）。これも六代目型と、原作に近く、より素朴な趣の上方での型、その両方を取りまぜた父独自のもので、書き留めておかねばならぬことがたくさんありますが、ここではふれません。

では、私にとって「芸の継承」とは――

いま顧みれば、至福のときだったとしかいいようがないのですが、綺羅星のごとくだった練達の先輩方が演じられたそれぞれの「役柄」を、肌身にふれるほどの近さで眼に焼き付け、心に刻みつけられたことは、何ものにも替えがたき幸せでした。

実際の舞台では、それらイメージ化されてインプットされている、それぞれの「役柄」を懐から引っぱり出して、なぞる、なぞる、なぞる、だったのです。これは、継承といった点では、役者自身の心がけとしてのイの一番でありましょう。

次代への継承と話を進めなければなりません。継承とはつまり、つなげてはじめて生命力をもつわけですから。

いま、立役をめざす若者何人かに「寺子屋」を開いています。じつに頼もしい子たちばかりで大変嬉しい。教えがいもあり、いずれどこかで発表の場をと考えています。

まずはその成果をお目にしていただき、それをもって、この項のまとめとさせていただきましょう。

（『矢の会報』二〇一五年）

「思ってもみぬことだった」

思ってもみぬことだった！　それが何であるのか、いつどこでかは分からぬが、いずれは必ず起るはずであったこと、それがまさしく起ってしまった――

何という「運命」の悪戯か。

『子午線の祀り』戯曲中で知盛が口にしたと同じ状況――の感覚――が、齢七〇を越えてからのわが身に、それも二度にわたって起ろうとは……。

一度目は二〇一二年――

二〇一〇年に古希を迎え、その翌年には劇団（前進座）創立八〇周年を機にいっさいの役職をリタイア、後進にバトンタッチして二年目春先での、「前進座劇場・閉館」であった。同劇場は、劇団創立五〇周年時にわれわれ第二世代の誓いのひとつとして建設。それからの三〇年はいまや夢幻、瞬時に過ぎ去っていった。

人手に渡り広大な更地となった現実を眼のあたりにしたそのとき、支えてくださったお客様への感謝とお詫び、それは、わが胸が張り裂けるがごときつらい感懐であったが、ひとり涙を流しつつ、この知盛のせりふが脳裏をよぎった。そして、ひとつの時代が確実に終焉した。

二度目は二〇一七年——

まだ温もりも冷めやらぬ、つい先月の四月五日。新田次郎原作『怒る富士』（東日本大震災復興支援活動五周年企画／前進座創立八五周年特別公演）は、原発事故の地、福島にて全国巡演のオール千穐楽を迎えていた。

一九八〇年の初演以来、私は五次にわたって主人公・伊奈半左衛門を担いつづけ、この日の夜の部でそのステージ数は四一七回を数えた。そして私にとっては、劇団前進座での最終舞台——在籍中のステージ数は総計一万一千回をはるかに越えている——、文字通りの「オール千穐楽」、ファイナルとなったのだった。

わけあって私は、この日、この舞台をもって劇団前進座に別れを告げた。「離座」したのである。七七年間、劇団内敷地に生まれ育ち、後半生の三〇～四〇年は粉骨砕身、一心不乱に劇団を支えその歴史を刻んできた。

まさに「思ってもみぬことだった！」

この日幕が降りると、水裃——切腹の衣装——姿のまま、わけわからず強引に、大勢の若者に囲まれて幕の閉った舞台にふたたび引き戻された。そこにはすでに多くの幕内関係者が集っていたらしいのだが、ほとんど状況掌握すらできずにいた私は、突然身体を持ち上げられ、なんと胴上げされたのだった。五回、六回……。

人生七七年にしてその歴史をリセット。あらたな「運命」に(おそらくは)懸命に抗いつつ、正真正銘、ゼロからの一歩をこれから踏み出すのだ。引退という言葉はない。その出発《たびだち》に、これ以上の祝砲がどこにあろうか。孫世代の可愛い後継者よ、ありがとう。

(『知盛の声が聞こえる』ハヤカワ演劇文庫「あとがき」二〇一七年六月)

あとがき

はじめて声をかけていただいてから、いったいどれだけの時間がたったのでしょうか。ふつうにはあり得ぬ話が、現実にかたちになって拙著は誕生しました。そもそものきっかけについて、まずは次の文章を――

名セリフということで、かつて考えた企画があった。新書編集部時代に考えたことだから、発想してからもう一六年になる。

当時、こう考えたのである。かつて芝居の名セリフは庶民にとって大事な教養であった。見事に凝縮された切れのいい美しい日本語というべく、生理的快感さえともなう「声」の表現。実際に演じてきた人は何を感じたか、どんな工夫をしてきたか。ユニークな芸談として、また日本語の豊かさを考えさせる本としてつくってみたい、と。

話を持ちかけたのは前進座の嵐圭史さん。圭史さんは古典劇＝歌舞伎はもちろんのこと、歴史劇や現代劇でも存在感を示してきた名優だ。『子午線の祀り』では平知盛を演じて、木下順二・山本安英さんに親炙し、エッセイストとしても名手である。考えたプランは、圭史さんご自身がかつて演じた役々から、気に入っているセリフ、苦労したセリフ、忘れがたいセリフを掲げ、これに二～三頁のエッセイを付すというもの（当初五〇くらいがめどかと考えた）。
圭史さんからは全面的賛同を得て、実際、三〇近く候補を挙げてもらったのである。そこには井上ひさしさんもあり（『太鼓どんどん』）、加藤周一さんのもあって（『消えた版木』）、これはいい本になると期待したのだが、彼は前進座を率いる現役バリバリの歌舞伎俳優、あまりの忙しさゆえに、それ以上の進展がないままに終わってしまっていた。在職中にできなかった痛恨事はいくつもあるが、これもそのひとつ、大事なひとつである。この間、ずっと不思議な日本語ブームがある。いまなおというか、いまこそ意味のある企画ではなかろうか。何らかのかたちで実現することを願う。（二〇一三年一一月四日）
いま掲げたのは、本書の編集担当井上一夫さんの個人的エッセイ（一部省略）。
井上さんは長く岩波書店に勤められ、新書編集部時代には二四六万部に及ぶ大ベストセラー『大往生』（永六輔著）を手がけたことでも知られます。永さんとの縁もあって、兄である六代目芳三郎『役者の書置き』（岩波新書、一九九七年）を担当してくださり、それ以来のおつきあいです。

井上さんは二〇一三年に退任後、いわば日記ふうにエッセイを綴っておられたらしい。ある日、「こんなものを書いたので」と送ってくださった。それがこの文章です。ご本人は「個人的な文章だから」と渋っていましたが、そもそもの事情がよくわかるので、なかば強引に転載させていただきました。

それにしても、「岩波新書で書きませんか」というお話がいただけることじたい、私にとっては夢のような話で、さらに感動したのは一六年にもわたって（いまとなってはもう二〇年以上）、ずっとその想いを抱きつづけてくださったことです。

じつはこの間、「自分が退職するまでには実現したい」と何度も督促されており、そのつど「ご期待に添いたい」と気は焦っておりました。正直に告白するなら、当初お話をいただいた折のコンセプト「やさしい言葉で短く、それぞれ二〜三頁で」と聞いたとき、それなら無理なく書けそうだと、甘く受けとめていた節があります。三〇前後のせりふも難なく洗い上げられましたし、タイトルもファーストインスピレーションですぐに決めてしまいました。すなわち「魂の日本語――せりふ」。

ところがどっこい、そうは簡単に問屋が卸してはくれなかったのです。たしかに次から次へと押し寄せる舞台の仕事と、その隙間を縫うようにこなさなければならなかった劇団雑務に、そんな時間の蹴出せる余裕もありませんでした。それは一面の事実ですが、しょせんそれは言い訳。真実は私の能力不足で「書けなかった」のです。

「やさしく」「短く」「二〜三頁」とはまさに永六輔さんの文章作法で、これは一見簡単そうにみえるけれど、とんでもない思い違いです。研ぎ澄まされた探求力と幅広い知識に裏打ちされてこそ初めて可能な世界で、あらためて永さんの凄さを再認識したものでした。

とくに私の勝手で、タイトルを「魂の日本語――せりふ」と決めてしまったことが文字通りの「難題」と化してしまったのです。私の経験では、せりふに内包されている「魂」を語ることはできる。が、それを「日本語論」に特化するとなると、さあ大変、浅学菲才の私の手に負える世界ではなかったのです。とにかく一行たりとも筆が進まないのですから……。

とは言い条、課題に何とか応えねばという思いは常にあり、『五重塔』『修善寺物語』『およどん盛衰記』と、たった三本ではありますが、この間に書きとめていたのです。また、性格の違う一本『玄朴と長英』はすでに演劇誌に発表しており、またはっきり作品論・演技論でしたから、ひとつのアクセントとして位置づけていました。

といった次第で、私が悶々としているうちに井上さんはついに退任。この企画は幻に終わりました。その後ほどなく、冒頭に掲げた井上さんのプライベート・エッセイを私は目にするわけです。それに心を動かされ、一度はアクションを起こしかけたのですが、やはり無理は無理。いつのまにかまた、忘却の彼方へと追いやられていました。

こうした前史があって、大きく事態が動いたのは本年春先のこと。劇団前進座を「離座」してはや三年、この三月三十一日には齢八十を数えて、いよいよ私の人生の再出発も目前でした。その舞台、真山青果作『玄朴と長英』の初日を四月四日に控え、稽古と準備に追われているさなかのことです。

三月のある日、井上さんから電話がありました。「想をあらためて、いっしょに本をつくりませんか」と。聞けばこの三月から、縁あって本の泉社の編集に関わることになったとのこと。すでに書いていた四本は、私にとってはやはり愛着のある文章であり、いずれどこかでかたちにしたいと思っていたのですが、それを井上さんは覚えていた。「あの四本を中核として、すでに発表したものを合わせて、演技論として再構成したらどうでしょう」。

さすがにもう二の句が継げません。「今度こそ、その要請にお応えしないと男がすたる」と固く己の心に誓ったことは言うまでもありません。そしてそれは、新たな出発を間近にした私にとってありがたい話でもありました。

その最初の舞台『玄朴と長英』は、残念ながら、驚天動地というべきコロナ騒動のために、まっことみごとに、完膚なきまでに吹き飛ばされてしまいましたが。

本書の構成についてふれておきます。

冒頭に掲げた『玄朴と長英』はもともと作品論として書いたもので、大きく拡充したとはいえ、当初原稿の流れとそれほどは違いません。私の新たな創造活動の出発に際して用意した舞台でもあり、全編中のヘソ的な位置を占めます。

また、『五重塔』『修禅寺物語』『およどん盛衰記』は、せりふを中心に語るという当初コンセプトを念頭に筆を執ったものでしたが、今回、その痕跡がないほど、手を加えています。歌舞伎作品は二本。『鳴神』はすでに発表したエッセーをもとにしているとはいえ、全面的に加筆し再構成しているので、もはや新稿といっていい。『毛抜』は語るべきことが多く、前後編となりました（後編は完全な書下ろし）。

『蓮如』は講演の記録がもとになっているので、いささか毛色が違います。ともすれば硬くなりがちな私の文体から離れ、リズムも変化するので、ちょっとした息抜きになればと思っています。

そのうえで、本書のサブタイトルとした「わが役者人生の歩みとともに」に関わる一連の文章を掲げました。演技論はそれとして、私にはもうひとつの「役者人生」がついてまわりました。前進座創立時に「その演劇の収入によって座員の生活を保障しつつ」と誓った、その理念の堅持を背負った者の宿命でしょう。

　ここでは出生時からの歩みを、すでに発表した折々のエッセイを中心にまとめてみました（冒頭のみインタビュー記事）。そのうえで、極力重複を避け、不足を補うべく、大幅な削除・補足を試みております。

　なお、「演劇史的快挙『解脱衣楓累』の上演」は書下ろしです。この上演は「前進座劇場」オープンという大きな節目をへて、劇団「第二世代」が中心となっていく時代を象徴する、記念碑的出来事といえましょう。作品論・演技論としてはまだまだ書くべきことがありますが、ここでは「わが役者人生の歩み」の文脈に位置づけることを重視しました。当時の内部文書に記したように「冒険は価値あればこそ挑む」のであり、冒険を興行的成功に結びつけた熱気をいまこそ思い返したいからです。


　さて、本書のメインタイトルのことをちょっと。作業が進みはじめたある日、井上さんからタイトルの提案がありました。ずばり「演技とは」。木下順二先生の岩波新書『〝劇的〟とは』にあやかったという。付け加えて「圭史さんには十分資格がありますよ」。冗談ではありません。私はそんなたいそうなタイトルを使えるほどの役者であろうはずがない。拒否です。

　とはいえ、提案してくださった井上さんの想いは、それとして受けとめねばという気持ちも強くあり、ここは割り切って、頭に「私流」とつければそれもよしか、と思うにいたりました。たしかにここに挙げた作品群は、前進座での修業のもと、多様な役々を演じてきた役者として、「私流」はぴったりの冠かもしれず、また「私流」という範囲に封じ込めるなら、「演技とは」というタイトルも許容されるかもしれない……。

じつは私、この夏に舞台写真集を上梓しました。「嵐圭史　舞台生活七十年」と銘打ち、題して『百姿繚乱　煌めきの役々・舞台写真集』（圭史企画発行、本の泉社発売）。もともと写真集企画が先行して、独自に動いていたのですが、すでに記したような事情で、思いがけず踵を接して二冊が刊行されることになりました。

舞台写真集をご覧いただける機会があるならば、本書で縷々述べてきた事柄が「形のイメージ」として繋がり、より立体的に見てとれるやもしれません。私としては、嬉しい「双子」が誕生した思いです。

本づくりの過程では多くの方のご助力をえました。

折にふれて私のもろもろの論述に目を通し、助言くださる小池章太郎さん、そして専門家はだしの慧眼でチェックし助けてくださる牧田りゑ子さん。お二方には今回はからずも文中にご登場いただきましたが、拙著全般について貴重なご示唆を頂戴しました。伏して感謝を申し上げます。

装幀は坂口顯さんのお手を煩わせました。急なお願いでしたのにご快諾いただき、じつに素敵な形に仕上げてくださいました。ありがとうございます。

また、写真提供につきましては、劇団前進座に快く応じていただき、感謝の意を表します。

また、しまくらまさしさん（『玄朴と長英』）、今井康夫さん（『五重塔』）にお世話になりました。御礼申し上げます。

そして編集の井上一夫さん。「あとがき」に本書出版の経緯をあえて披歴したのは、最初に執筆依頼を受けてより二三年ものときを重ねて成就した、ひとつの「夢物語」とも私には思えたからです。物語なら多くの方々とも共有を、といった類の、いわば「共有願望」が頭をもたげて……。ご海容を願うほかありません。

井上さんには心よりの感謝を込めて、本著にも登場する『五重塔』最終場面での、このせりふをもって幕とさせていただきましょう。

「役者・嵐圭史、之を造り、井上一夫、之を成す」

嵐 圭史（あらし けいし）　屋号＝豊島屋（てしまや）

1940年、五代目嵐芳三郎の次男として東京に生まれる。兄は故・六代目嵐芳三郎。妹・寺田路恵（文学座）、弟・麦人（声優）、妹・広瀬節子（シャンソン歌手）。
1959年、俳優座演劇研究所附属俳優養成所を卒業、同年、劇団前進座に入座。「劇団第二世代」の中核の一人として、長く前進座の看板俳優を勤める。歌舞伎はもとより、他社出演を含めた歴史劇・現代劇まで、多彩で幅広い役々を演じ、総ステージ数は1万回を超える。その間に『平家物語』全巻朗読を達成（2001年、新潮社から刊行）。前進座の海外公演では33年ぶりとなる中国公演（『天平の甍』、2003年）、初の米国公演（『鳴神』など、2010年）で団長を務めた。2017年に離座、圭史企画を設立。

［主な受賞歴］
毎日芸術賞『子午線の祀り』平知盛役（1979年）／紀伊国屋演劇賞個人賞『子午線の祀り』平知盛役（1985年）／文化庁芸術祭賞『怒る富士』伊奈半左衛門役（1993年）／名古屋演劇ペンクラブ賞『天平の甍』鑑真役（2003年）／岡山市民劇場男優主演賞・倉敷市民劇場男優主演賞『五重塔』十兵衛役（2009年）／芸術選奨文部科学大臣賞　『江戸城総攻』徳川慶喜役（2009年）

［主な著書］
『知盛逍遥』（早川書房。のちハヤカワ演劇文庫『知盛の声が聞こえる』）、『怒る富士が行く』（かもがわ出版）、『花の道草』（中央公論新社）、『今朝の露に』（新日本出版社）

私流《わたしりゅう》　演技《えんぎ》とは
わが役者人生《やくしゃじんせい》の歩《あゆ》みとともに

二〇二〇年　九月一六日　初版第一刷発行

著　者　嵐　圭史
発行者　新船 海三郎
発行所　本の泉社
〒113-0033
東京都文京区本郷二-二五-六
TEL　〇三（五八〇〇）八四九四
FAX　〇三（五八〇〇）五三五三
http://www.honnoizumi.co.jp/
印刷　亜細亜印刷株式会社
製本　株式会社村上製本所

ISBN978-4-7807-1977-2　C0074